탐구히스토리

시베리아의 샤머니즘

M. A. 샤플리카 지음 | 이필영 옮김

Aboriginal Siberia

M. A. Czaplicka

탐구당

머리말

시베리아에도 호주나 아프리카에서와 같은 진정한 의미의 원주민이 존재할까? 이 점은 영국에서 심심치 않게 제기되었던 문제인데, 흔히 시베리아는 원래 정치 망명객이나 범죄자가 들끓는 지역으로 간주되었던 곳이다. 그동안 정치 망명객에 대한 관심과 동정 그리고 범죄자에 관한 호기심을 제외하면, 시베리아와 그곳의 종족이 매우 흥미 있고 다양한 연구 과제(특히 인류학과 고고학의 연구에)가 된다는 사실을 안 것은 최근에 들어서였다. 시베리아 종족에 관한 방대한 문헌 속에 인류학 연구를 위한 포괄적이며 간결한 안내서는 전혀 없다. 초기 여행자들의 저술은 대체로 이 지역에 대한 일반적인 인상과 호기심을 끄는 단편적 정보에 불과하여, 우리에게 아무 가치도 없으며, 반면에 근래에 행해진 제섭(Jesup) 탐험대의 심오하고 체계적인 조사·연구는 일반 학생에게는 지나칠 정도로 광범위하고 상세하며, 더구나 시베리아의 동북 지역만을 집중적으로 다룬 것에 불과하다. 제섭 탐험대의 보고서는 앞서 언급한 크라쉐닌니코프Krasheninnikoff나 팔라스Pallas와 같은 초기 여행자의 저술 중에 일부가 영어로 번역된 것을 제외하고는 영어로 출판된 최초의 저술이다.

최근에 여러 지역에 대한 훌륭한 연구서를 간행했던 많은 러시아 학자들도 연구서의 서문에서 시베리아에 대한 안내서가 별로 없었던 점을 개탄하였다. 그래서 필자가 이 책을 쓰는 목적은 개인적으로 시베리아 지역 자체를 조사하기 전에 볼만한 좋은 안내서가 있어야 한다는 필요성을 충족시키려함에 있다. 이러한 비교 작업은 현지 조사보다는 연구를 위한 일이기 때문이다.

이러한 종류의 책을 편찬하게 될 경우에, 사람들은 이용 가능한 자료들이 그 문헌적 가치에 있어서 동등하지 않으며, 내용 정리도 잘 되어 있지 않다는 사실을 충분히 실감하게 된다. 어떤 경우에는 한 종족이나 의례에 대한 단 하나의 특징만이 너무 상세하고 방대하게 서술되어 있지만, 다른 문헌에 보면 어떤 관습에 대한 있는 그대로의 언급이나 전 종족에 관한 어설프고 단순한 설명으로 가득 채워져 있음을 볼 수 있다. 그래서 부리야트족 출신의 학자 반자로프Dordji Banzaroff[1]도 다음과 같이 불만을 토로한다. '동양 학자들은 오랫동안 아시아 내륙의 종족에 대하여 연구해 왔지만, 그들의 관심은 우선적으로 몽골 전쟁(the Wars of Mongols)에 관한 것이었다. 한편 역사 문헌에는 이들 종족의 전통, 습관, 신앙은 별로 중요치 않은 것으로 여겨져 무시되었다. 불교 유입 이전의 몽골족 신앙에 대해서도 거의 연구되지 않았는데, 이러한 중요한 이유 때문에 이 방면의 연구 자료는 불충분하다.'

『몽골인의 검은 신앙』(the Black Faith of the Mongols)이란 책을 쓴 반자로프는 책의 주제에 관한 몽골이나 러시아의 문헌 자료가 매우 모호했기 때문에 심한 곤란을 받았다.[2] 더구나 시베리아 지역 연구자들이 원주민 생활에서 사회적 측면보다는 종교적 측면을 항상 주목해 왔음에도 불구하고, 반자로프는 심한 자료 빈곤을 경험하였다.

시베리아 원주민에 대한 직접적이며 체계적인 연구의 하나는 야드린체프Yadrintzeff[3]에 의해 이루어졌는데, 그는 원주민의 가장 진정한 친구였었다. 한편 중앙통계위원회(the Central Statistical Committee)의 편집인 파트칸노프Patkanoff[4]는 시리아에 관한 통계학적이며 지리학적인 업적으로 우리에게 많은 도움을 주었다. 그는 방대하게 수집된 연구 자료가 시기, 특성, 지역, 관점

---

1) *The Black Faith, or Shamanism among the Mongols*, 1891, p.1

2) 같은 책, p.3.

3) *The Siberian Aborigines, their Mode of Life and Present Condition*, Petersburg, Preface.

4) *Statistical Data for the Racial Composition of the Population of Siberia, its Language and Tribes*, Petersburg, 1912, p.1.

에 따라서 내용이 달라지기 때문에 연구 자료의 유용성을 손상시킨다고 지적하였다. 그는 유럽의 민족학적인 자료가 시베리아에 거의 침묵을 지키거나, 관심을 보여도 매우 가볍게 취급하고 만 것은 바로 이 점 때문이라고 생각하였다. 또한 그는 시베리아를 다룰 때 흔히 저지르게 되는 세 가지 실수에 대하여 다음과 같이 설명한다. (1) 많은 종족에 대한 혼동. 최근까지도 탐험가들은 길랴크(Gilyak)족을 퉁구스계 종족과 구별하지 못했고, 엄밀한 의미의 투르크계 알타이족은 그들이 한때 칼무크(Kalmuk)족에게 지배받았기 때문에, 가끔은 '산악(또는 백) 칼무크족'(the Mountain (or white) Kalmuk)으로 잘못 불렸다. 실제로 어떤 저자들은 몽골계인 칼무크 종족을 알타이족과 혼동하여 사용하고 있다. 이외에도 이러한 종족의 혼동은 많이 범해진다. (2) 거주 지역 설정의 부정확성. (3) 종족 인구수 산출의 부정확성. (2)의 실수는 많은 종족이 유목 생활을 하거나, 단순한 방랑 생활을 하기 때문에 비롯된다. 한편 그들은 인구수에 비례하여 세금 야시크(Yasyk)를 내야하기 때문에 정확한 인구수를 산정하는 일에 협조하지 않으려고 한다. 그래서 인구수를 정확하게 파악하는 일은 어렵다.

시베리아 연구와 관련하여 우리에게 당면한 많은 주요 논제 중에서 가장 흥미 있는 것은 제섭 탐험대에 의하여 시작된 동북아시아 원주민과 서북아메리카 인디언(Amerinds)의 관련성 문제이다. 이외에도 다음과 같은 중요한 논제가 있다. 곧 신시베리아족과 고시베리아족의 관계, 신·고시베리아족에 속해 있는 종족들 상호 간의 관계, 그리고 과거 10세기 동안에 이루어졌던 종족의 이동이 앞서 말한 연구 주제와 어떻게 밀접한 관련을 가지는가 하는 문제이다. 그리고 오히려 더 중요한 문제는 아리네(Arine)족, 코테(Kotte)족, 아싼(Assan)족, 투바(Tuba)족[1]과 같이 거의 한 세대 안에 멸종하고 말 위기에 있는 종족에 대한 정보를 가능한 대로 많이 수집해서 이를 연구하는 것이

1) 이들 종족은 예니세이강 상류와 북방 알타이 지역에 거주하였는데, 7세기 중국 문헌에는 吐播(Tupo) 민족으로 되어 있다.

다. 또한 멸종해 가는 이들 종족이 예니세이의 오스착(the Ostyak of the Yenisei)족[1)]과 어떠한 관계에 있는가도 연구해야 한다.

예니세이의 오스착족은 멸종되어 가고 있다. 동북 지역의 유카기르(Yukaghir)족도 비슷한 상황에 처해있는데, 이들은 지금은 사라져 버린 오모크(Omok)족, 쉘라그(Chellag)족, 아나울(Anaul)족과 동일한 계통의 종족으로, 곧 이들 종족 계통 중에서는 마지막 생존자이다. 실제로 요헬슨Jochelson이 유카기르족을 조사했을 때까지도 그들 역시 사라져 버렸거나 대체로 라무트-퉁구스(the Lamut-Tungus)족에 합쳐진 것으로 생각되었다.

한편, 스텔러Steller와 크라쉐닌니코프가 캄차달(Kamchadal)족을 조사·연구하지 않았다면, 우리는 지금 그 종족에 관해서 이미 멸종해 버린 종족에 대한 것처럼 아는 바가 거의 없었을 것이다. 더구나 지금 캄차달족은 러시아인과 혼혈되어 가고 있음을 생각해야 한다.

아마도 생존하고 있는 종족 중에서 가장 소홀히 다루어졌던 것은 퉁구스족과 예니세이의 오스착족일 것이다. 왜냐하면 시베리아의 동북 지역은 미국인 연구자(약간의 러시아 과학자를 포함해서)에 의해 아주 상세히 조사·연구되고 있으며, 사모예드(Samoyedic)계와 핀(Finn)계 종족은 핀란드의 학자들이 조사·연구하기 때문이다. 한편 동양 인류학(the Anthropology of the Orient)이 언어학과 문학 연구 때문에 지나치게 경시되었음에도 불구하고, 몽골족과 투르크족에 대한 연구는 항상 어느 정도는 러시아와 서유럽의 동양학자에 의해 주도되었다.

필자는 현재의 상태로는 시베리아 원주민에 대한 체질 인류학적 연구나 또는 그들의 과학 기술에 대하여 설명하는 것은 불가능하다고 생각한다. 시베리아의 선사 시대 생활을 서술하는 것도 가능하지 않다. 다만 예니세이 계곡 일대만이 선사 시대의 연구 대상 지역으로 이용될 수 있을 뿐이다. 이런 분야는 앞으로의 연구 과제가 될 것이다.

---

1) Yadrintzeff, 앞의 책, preface, p.8.

마지막으로 필자는 본서의 본문과 각주에 나타나는 '영어가 아닌 낱말'의 철자법에 관하여 몇 가지 언급하려고 한다.

러시아 용어를 비롯해서 모든 시베리아 원주민 언어의 용어를 가능한 한 간결하게 철자하였다. 이것은 영국인이 모든 외국어의 모음을 마치 현대 이탈리아인이 발음하는 것처럼 발음한다는 사실을 감안했기 때문이다. 폴란드인 저자의 이름은 그것이 라틴어 문자로 표기되었을 때처럼 변형 없이 그대로 두었다. 폴란드어(예, -ski 혹은 -cki)와 유사하게 끝나는 러시아 이름은 라틴어 문자로 표기될 경우에는 여러 가지로 철자된다.

이 점에 관해서, 필자는 러시아인이 영어로 쓴 시베리아에 관한 유일한 논문, 즉 클레멘츠D. Klementz가 헤이스팅스Hastings의 『종교 윤리 대백과사전』(*Encyclopaedia of Religion and Ethics*)에 집필한 부리야트(Buryats)족 항목에서 힌트를 얻었다. 클레멘츠는 러시아인 이름이 라틴어 문자로 표기되어 있을 경우에, 그 이름의 끝을 비슷한 폴란드인 이름을 쓸 때와 같은 동일한 철자로 표기하였다. (예컨대 sky나 skii라 하지 않고, ski로 표기),

제섭 탐험대의 간행물에 보이는 원주민 언어의 낱말은 많은 발음 기호 없이 표기하였다. 이 낱말에 관하여 정확한 언어학적 지식을 얻으려는 사람은 항상 원래의 발음에 대하여 알아볼 수 있다.

원주민 언어를 표기할 때 자주 사용하는 한 발음이 있는데, 이것을 서유럽 언어로 음역音譯하기에는 곤란하다. 다시 말해서 러시아어에서 경모음과 함께 일반적인 *l*과 폴란드어의 *ł*로 쓰는 경음硬音 *l* 발음이다. 예컨대 Allakh, Boldokhoy란 낱말은 각기 Aouakh, Booudokhoy처럼 발음해야 한다.

본서에서 참고한 문헌은 다음과 같은 약어(略語)로 표기하였다.

I.R.A.S. - Bulletin of the Imperial Russian Academy of Science.

I.R.G.S. - Bulletin of the Imperial Russian Geographical Society.

E.S.S.I.R.G.S. - Bulletin of the East Siberian Section of the Imperial Russian Geographical Society (the Ethnographical Section).

W.S.S.I.R.G.S. - Bulletin of the West Siberian Section of the Imperial Russian Geographical Society (the Ethnographical Section).

A.S.I.R.G.S. - Bulletin of the Amur Section of the Imperial Russian Geographical Society.

S.S.A.C. - Bulletin of the Society for the Study of the Amur Country.

I.S.F.S.A.E. - Bulletin of the Imperial Society of Friends of Natural Science, Anthropology and Ethnography.

J.N.P.E. - Memoir of the Jesup North Pacific Expedition.

R.A.J. - Russian Anthropological Journal.

E.R. - Ethnological Review.

L.A.T. - Living Ancient Times.

E.R.E. - Hastings's Encyclopaedia of Religion and Ethics.

본서를 집필하는 데는 많은 분들의 도움이 있었는데, 지금 이러한 짧은 인사말 속에 그분들의 이름을 일일이 밝히기란 어렵다. 특히 나의 스승인 마레트 박사님Dr. Marett에게 뜨거운 감사를 드리고 싶다. 그분은 나에게 처음으로 본서를 집필할 것을 제의해 주셨고, 또한 준비 기간 동안에는 매우 귀중한 힌트와 시사로 도움을 주셨다. 또한 핏리버스 박물관(Pitt-Rivers Museum)의 헨리 발포어 씨Mr. Henry Balfour와 영국과 유럽의 대학에 계신 여러분들에게도 깊은 감사를 드린다. 참고 자료의 제공과 문헌 소개로 많은 도움을 주신 여러 러시아 학자, 특히 스테른베르그 박사Dr. Sternberg, 막시모프 씨Mr. Maksimoff, 요헬슨 씨Mr. Jochelson 그리고 카루이나 부인Mme. Kharuyina에도 진실로 감사드린다. 요헬슨 씨는 내가 자료를 찾고 여러 의문점을 해결하는 데 끊임없는 인내심으로 도와주었다.

두 사람의 고향 친구 핏수드스키 씨Mr. Pitsudski와 시에로스제프스키 씨Mr. Sieroszewski, 그리고 수년이나 걸려서 시베리아 원주민과 개인적으로 매우 친밀하게 된 폴레스Poles 씨에게도 이 자리를 빌려 심심한 감사의 뜻을 전한다.

섬머빌 대학의 연구비로 인해서, 나는 1912년 가을에 본서 집필에 착수할 수 있었다. 또한 런던의 베드포드 대학, 라이드 트러스트는 내게 두 번씩이나 연구비를 연장해 주었다. 이 연구 기금의 담당자는 내가 외국인이며 더구나 다른 대학에 소속되어 있었음에도, 나의 저술 작업에 매우 능동적이며 관대한 관심을 보여주었다. 그들에게 각별한 고마움을 표하는 바이다.

섬머빌 대학의 힐다 월튼 양Miss Hilda Walton과 캐더린 멘케 양Miss Katherine Menke, 그리고 런던 경제 정치학 학교(the London School of Economics and Political Science)의 아그네스 도슨 양Miss Agnes Dawson, H. U. 홀 씨Mr. H.U. Hall는 친절하게 나의 불완전한 영어 문장을 고쳐 주었다. F. H. 닉슨 씨Mr. F.H. Nixon는 내가 영국을 떠난 후에 마지막으로 완전한 문장 감수를 해 주었다. 또한 핏수드스키 씨, 스트로에키 씨Mr. Stroyecki, 제정 러시아 과학 아카데미(the Imparial Russian Academy of Science)의 스테른베르그 박사, 그리고 컬럼비아 대학의 프란츠 보아스 교수Prof. Franz Boas는 사진 자료에 많은 도움을 주었다.[1)]

---

1) 1753년보다 훨씬 이르지 않은 시기에 그멜린(Gmelin)은 몇 명의 아리네족을 만났다(Deniker, *Races of Man*, 1900, p.366). 그러나 1765~6년에 피셔(Fischer)는 아리네족은 이미 멸종되었다고 하였다(*Sibirische Geschichte*, 1768, pp.138~387). 카스트렌(Castren, 1854~7)은 우연히 5명의 코테족 사람을 만났는데 이들로부터 코테족의 언어를 배울 수 있었다(*Ethsnol. Vorles. über die altaisch. Völk.*, 1855, p. 87). 야나(Yana)강과 코리마 지구 사이에 많이 살고 있는 오모크(Omok)족은 랭겔(Wrangel)의 저작 『*Journey to the North Coast of Siberia and the Polar Sea*』(1841, p.81)에 언급되어 있다. 알젠토프(Argentoff)는 그의 『*The Northern Land*』(I.R.G.S., 1861, vol. ii, p.18)에서 쉘라그(Chellag)족을 설명하고 있다. 아나울(Anaul)족은 뮐러(Müller)의 『*Sammlung von Russische Geschichte*』(1758, vol, iti, p.11)에 소개되어 있다. 이 같은 문헌에서 우리는 쉘라그족과 오모크족 사이에 양 종족의 혼혈 현상이 있었으며, 데즈네프(Dejneff) 지휘 아래 코작크(Cossack)족이 1649년에 아나울족과 전쟁을 치렀음을 알게 된다. 데니커에 의하면(*The Races of Man*, 1908, p.370) 종족들의 멸종이 실제보다 더욱 현저한 현상이라고 한다. 또한 아나울족과 오모크족(이것은 일반적 명칭인데, 종족이란 뜻이다)은 사실상 유카기르(Yukaghir)족의 지파이며, 쉘라그족은 축치(Chukchi)족에 속한다고 한다. 그러나 이것은 단순한 추측에 불과하다(Schrenck, *The Natives of the Amur Country*, 1883, p.2 참조).

■ 원서 지은이의 각주는 1), 2), 3)으로 옮긴이의 각주는 *, **, ***로 표시하였다.

■ 각주 표시는 원서를 따라 각 페이지 별로 새 번호로 시작하였다.

차 례

Ⅰ. 샤머니즘[1)]

샤머니즘은 북아시아 원주민뿐만 아니라 세계의 모든 지역 원주민이 행했던 원시 종교 또는 주술 종교(religio-magic)라고 이해되었다. 이러한 견해는 미하일로프스키Mikhailowski, 카루진Kharuzin 등과 같은 여러 러시아 학자들에 의하여 주장되었다. 또 어떤 학자들은 샤머니즘을 단지 악령을 구축하기 위하여 행했던 북아시아 종교 의례의 한 형태일 뿐이라고 생각하였다. 이 주장은 요헬슨Jochelson과 보고라스Bogoras의 저술에서 보인다. 그러나 주목할 만한 다른 견해도 여전히 주장되고 있는데, 이 견해는 클레멘츠Klementz의 다음 서술에서 분명히 표현되고 있다:

'우리는 다음과 같은 사실을 잊어서는 안 된다. 시베리아 종족의 여러 신앙은 서로 매우 밀접한 관계가 있으며, 또한 시베리아 신화의 근저와 그들의 의례, 심지어 명명법에서도 일관된 통일성이 관찰된다는 사실이다 — 이 모든 점은 시베리아의 신앙들이 북아시아에 걸친 〈지적 활동의 공동 작업〉에 의해서 이루어진 것임을 알게 해 준다.'[2)]

부리야트족 출신의 학자인 반자로프Banzaroff의 저작들 중에서 우리는 이

1) 본장을 서술하는 데 있어서 어떤 부분은 필자의 친구인 서머빌 대학(Somerville College)의 번 양(Miss Byrne)으로부터 많은 시사를 받았다.

2) Enc. Rel. and Eth., *The Buriats*, p.26.

와 유사한 주장을 찾아볼 수 있다: '몽골과 그 이웃 민족들의 오랜 민족 종교는 유럽에서는 샤머니즘으로 알려져 있지만, 정작 그들 원주민에게는 샤머니즘을 지칭하는 특별한 명칭이 없다. 몽골계 민족들에게 불교가 유입된 이후에야 그들은 자신의 오랜 종교를 검은 신앙(Black faith, khara shadjin)이라고 불렀으며, 반면에 불교는 황색 신앙(Yellow faith, shira shadjin)으로 일컬었다. 신부 자키우브Jakiuv에 의하면, 중국인들은 샤머니즘을 도신蹈神(Tao-Shen, 정령 앞에서 즐거이 논다는 뜻)이라고 불렀다고 한다. 그러나 이러한 명칭은 샤머니즘의 진정한 성격을 파악하는 데 어떤 도움도 주지 못한다. 어떤 학자는 샤머니즘이 브라만교, 불교와 함께 시작되었다고 생각했고, 또한 샤머니즘 안에는 중국의 철학자 노자의 가르침과 공통되는 몇 가지 요소가 있다고 지적하였다. 한편 일부 학자들은 샤머니즘을 조로아스터교 신앙과 비교하면서, 그것이 다만 자연 숭배에 불과하다고 주장하였다. 그러나 이 문제에 대한 신중한 연구에 의하면, 샤머니즘은 불교나 어떤 다른 종교로부터 나온 것은 아니며, 그 기원은 몽골 민족에게 있다고 한다. 또한 샤머니즘은 미신스럽고 샤머니즘적인 종교 의례뿐만 아니라, 내외의 세계(영혼과 자연)를 인식하는 원시적 사고방식으로도 구성된다는 것이다.[1]

반자로프는 물론 몽골의 샤머니즘에 대해서만 특히 언급한 것이기 때문에, 우리는 샤머니즘을 몽골 민족에 국한시키고 있는 그의 견해에는 동의할 수 없다. 샤머니즘은 북아시아 전역에서 그리고 중앙아시아의 일부 지역에서도 찾아볼 수 있다.

우리가 이미 알고 있듯이 현재 고시베리아족(the Paleo-Siberians)은 가장 단순한 샤머니즘 형태를 지니며, 신시베리아족(the Neo-Siberians)은 매우 복잡한 형태를 갖는다.* 그래서 전자의 경우에 직업적 샤머니즘(professional

---

1) Banzaroff, The Black Faith, pp.4-5.

* 차플리카의 구분에 의하면, 고시베리아족에는 Chukchee, Koryak, Kamchadal, Ainu, Gilyak, Eskimo, Aleut, Yukaghir, Chuvanzy, Ostyak of Yenisei 족이 포함되며, 신시베리아족에는 Finn계 종족(Ugrian Ostyak, Vogul 족), Samoyed계 종족(Yourak, Ostydak

shamanism)보다는 가족적 샤머니즘(family shamanism)이 우세하며, 실제로 종교 의례, 신앙 그리고 샤먼은 가족이라는 테두리 안에 국한되어 있다. 한편 전문화되었거나 직업화된 샤먼이 수행하는 마을 공동 의례와 같은 직업적 샤머니즘은 고아시아족에서는 단지 초보 단계에 머물고 있는데 그것도 점차 약세에 있으며, 기독교 신앙에 의해서도 더욱 많은 침해를 받아 왔다.

직업적 샤머니즘이 매우 우세하게 발달되어 있는 신시베리아족(예컨대 야쿠트족)의 경우에는, 유럽의 영향 때문에 그들의 가족적 샤머니즘은 많은 영향을 받아왔다. 그러나 우리는 이러한 점 때문에 고시베리아족의 샤머니즘 형태가 더욱 원시적이라고는 말할 수 없다. 직업적 샤머니즘은 가족적 샤머니즘이 발달된 형태인 듯하다. 그러나 공동생활이 불가능한 환경에서는 오히려 직업적 샤머니즘이 퇴보된 형태일 가능성도 있다.

이러한 신·고시베리아족 샤머니즘 사이의 차이점은 분명히 남·북시베리아 간의 지리적 환경이 다른 데서 비롯한다. 이 사실은 북방으로 이주했던 신시베리아족(야쿠트족)과 남방으로 이주했던 고시베리아족(길랴크족)에 관한 신중한 연구에 의해 증명되는 것 같다. 그들이 새로운 환경에 적합한 관습과 신앙을 쉽게 형성했다는 점은 이들 샤머니즘 의례 사이에 기본적인 차이가 없었다는 점을 보여준다. 환경에 기인했던 차이점은 이주(migration)에 의해서 없어졌다. 대개의 경우 이러한 차이점은 매우 사소한 것이기 때문에, 이주 후의 변화가 양 종족의 접촉에 의한 것이라고 말할 수는 없다.

사실 샤머니즘은 대륙성 기후의 자연적 산물인 것 같다. 극심한 추위와 더위, 부르가스burgas와 부란스burans*, 긴 겨울 동안의 배고픔과 두려움 — 이러한 점이 고시베리아족과 이들보다 개화된 신시베리아족을 포함해서 유럽인

Samoyed족), Turk계 종족(Yakut족), Mongol계(Mongols, Buryat, Kalmuk 족), Tungus계 종족(Tungus, Chapogir, Goldi, Lamut, Manchu, Manyarg, Oroch, Orochon, Oroke 족)이 속한다(Czaplicka, 1914. Aboriginal Siberia, pp.18-22 참조).

* 부르가스는 극북 지대의 겨울 눈바람을 의미하며, 부란스는 남부 시베리아의 겨울 비바람을 뜻한다.

까지도 때때로 샤머니즘적 미신에 빠지게 한다. 시베리아에 정착한 러시아 농민, 관리 그리고 러시아인의 혼혈민(the Russian Creoles)이 그러한 보기가 된다.[1]

당국의 조사 발표에 의하면, 원주민의 극히 일부만이 진정한 샤머니즘의 신봉자라고 한다. 그러나 우리는 실제로 이들 원주민이 가톨릭 정교회나 불교의 신자로 등록되어 있다 하더라도, 그들의 오래된 종교 의례를 모두 충실히 지키는 것을 목격한다.

샤머니즘을 심리학 용어로 설명하면, 그것은 애니미즘적 또는 애니마티즘적 관념으로 이루어져 있다고 할 수 있다. 그동안 시베리아를 연구해 왔던 많은 학자들은 타일러Tylor의 애니미즘 이론에 깊은 영향을 받아 왔지만, 그들은 영혼(soul)의 개념을 잘못 사용하였고, 또한 그들이 애니미즘적인 것으로 표현한 현상들도 때로는 애니미즘이 아닌 다른 범주에 속하는 것이었다.

독자들은 스스로 샤머니즘이 북아시아 지역에만 특수하게 나타나는 종교 의례인지 아니면 매우 일반적인 원시 주술 종교의 한 형태에 불과한 것인지를 결정해야만 한다. 필자 개인의 생각으로는 '샤머니즘은 기독교이다'라고 말하는 것이 불합리한 것처럼, 또한 일반적 의미로 원시 종교라고 말하기도 어려울 것 같다. 샤머니즘의 신관, 자연관, 인간관 및 의례로 보아, 샤머니즘이 애니미즘 종교의 한 특별한 종파(sect)를 이루는 것인지는 또 다른 연구 과제이다.

---

1) Bogoras, *The Chukchee*, p.417.

Ⅱ. 샤먼-그의 소명과 준비 과정

모든 원시 종교에서와 마찬가지로, 종교적 신앙과 전통의 보고寶庫로서 사제의 역할은 매우 중요하기 때문에, 우리는 먼저 샤먼 자체에 관하여 논의하려고 한다.

샤먼직(shamanhood)의 조직은 종족마다 다소 달라서, 어떤 경우에 이 샤먼직은 세습적이지만, 거의 대부분의 경우에는 초자연적인 재능이 샤먼이 되기 위한 필수 요건이 된다. 일반적으로 수준 높은 문화를 소유한 신시베리아족에서 기대할 수 있는 것과 같이, 이들의 샤먼직은 고시베리아족의 경우보다 훨씬 정교하게 조직되어 있다. 가족적 샤먼은 고시베리아족에서 우세하며, 직업적 샤먼은 신시베리아족에서 보편적으로 나타난다. 그러나 보고라스는 현재의 상황을 다음과 같이 설명한다: '현재 가족적 샤머니즘의 중요성은 축치(Chukchee)족을 제외한 모든 종족에서 그 기반을 상실해 가고 있으며, 오히려 모든 경우에서 가족적 샤머니즘은 점차 개인적 샤머니즘(individual shamanism)로 대치되어 가고 있다. 이러한 개인적 혹은 직업적 샤먼을 축치족은 에넨일릿(enenilit)이라고 부르는데, 이 말은 정령과 함께 있는 자라는 뜻이며, 어원은 에넨, 즉 샤먼적 정령에 있다.[1]

1) Bogoras, 앞의 책, p.414.

히스테리(학자에 따라서 극북 히스테리Arctic hysteria라고도 표현함)는 샤먼의 소명에서 기초를 이룬다. 그러나 샤먼의 히스테리는 의례 중에 일어나는 실제의 발작을 자신의 능력으로 억제하는 점에서 일반 환자의 히스테리와는 다르다.

훌륭한 샤먼은 많은 비상한 능력을 소유해야만 한다.[1] 여기서 중요한 것은 그의 주변 사람들에게 감동을 줄 수 있는 임기응변의 재치와 지식을 갖추는 일이다.[2] 그의 과묵한 태도는 의심할 바 없이 사람들에게 큰 감동를 준다. 그는 언제, 어떻게 영적 감응의 발작을 일으켜야 할지에 대하여(이것은 때로는 광란에 가깝다), 또한 어떻게 일상생활 속에서 까다로운 금기를 지켜야 하는가에 대하여 알아야만 한다.[3]

샤먼의 소명에 대하여 언급할 때 우리는 코리약족, 아시아의 에스키모족, 축치족, 유카기르족의 가족적 샤먼은 포함시키지 않는다. 그것은 그들의 지위와 능력이, 그들의 임무에 관한 다음의 서술에서 보듯이, 비교적 모호하기 때문이다: "각 가정은 한 개 이상의 북을 소유하는데, 특별한 경우에 가족 구성원들은 그 북을 중심으로 의례를 거행해야만 한다. 즉, 여러 가지 선율의 노래를 부르면서 북을 치는 것이다. 이러한 경우에 대개는 가족 중 한 사람이 샤먼의 모습을 흉내 내어 정령과 교류하려고 노력한다."[4]

때때로 그는 미래의 일을 예언도 하지만 청중들은 어떠한 관심도 보이지 않는다. 샤먼 또는 직업적 샤먼의 의례가 밤에 실내에서 거행되는 반면에, 이

---

1) 코리마 지구에서 시에로스제프스키는 젊지만 매우 유능한 샤먼을 만나곤 했는데, 그는 매우 어려운 샤먼의 신술神術을 대부분 행할 수 있었다. 곧 지팡이 삼키기, 빨갛게 달군 석탄과 유리 조각 먹기, 입에서 동전 내뱉기, 같은 시간에 다른 장소에도 나타나기 등. 그러나 이러한 신술에도 불구하고 그는 일급의 훌륭한 샤먼으로는 평가받지 못했다. 반면에 신의 계시를 받은 늙은 여성 샤먼은 그러한 신술은 행할 수 없었지만 존경을 받았으며 명성을 얻었다(앞의 책, p.631).

2) Sieroszewski, *12 Lat w Kraju Yakutow*, 1902, p.630.

3) 샤먼은 다음과 같은 훌륭한 태도를 가져야 한다. 즉, 예티린이라는 샤먼의 얼굴에는 항상 신경 경련이 일어나고 있는데, 이에 대하여 축치인들은 웃으면서, 그 샤먼이 아마도 올빼미의 영혼을 가지고 있을 것이라고 말한다. 그들은 샤먼의 얼굴에 일어나는 신경 경련을 먹이를 먹을 때 반사 작용을 일으키는 올빼미의 머리에 비유한 것이다. (Bogoras, *The Chukchee*, p.428).

4) Bogoras, 같은 책, p.413.

러한 가족적 샤먼의 의례는 대낮에 실외에서 행해진다. 이외에도 축치족의 모든 성인들은 그의 북을 가지고, 특히 겨울에는 침실의 따뜻한 곳에서, 등잔불이 있든지 없든지 간에 북의 리듬에 맞추어 노래를 부른다.[1)]

위에서 보았듯이, 가족 중 한 사람은 어떤 의례 중에는 북을 칠 의무가 있으며, 또한 그 자신이 샤먼화 되는 것을 즐거워한다. 이것은 마치 가족 중의 어떤 사람이 의례와는 관계없이 평상시에도 북을 치면서 즐거워하는 것과 같다. 물론 가족 중의 이러한 사람을 샤먼이라고 부를 수는 없다. 그러나 샤먼을 모방하는 의례의 주관자라고는 부를 수 있다. 즉, 우리는 그들이 세습에 의한 샤먼인가 하는 문제는 별도로 하더라도 특별한 기술과 소명을 가진 그러한 개인들을 샤먼이라고 할 수 있다.

그러나 코리약족, 아시아의 에스키모족, 축치족, 유카기르족 — 실제로 모든 고시베리아족 — 은 때로는 쇠퇴된 형태이긴 하지만,[2)] 직업적 샤먼이 존재하는 것은 분명하다. 18세기 중엽에 캄차달족이 사는 지역을 횡단 여행한 크라쉐닌니코프는[3)] "캄차달족의 가장 중요한 연례행사는 11월에 거행되는데, 이 의례의 중요한 역할은 노인이 맡게 된다."라고 언급한 바 있다. 또한 크라쉐닌니코프는 "캄차달족은 다른 민족에서 보는 것과 같은 특별한 샤먼은 없지만, 모든 노파와 코엑추크(Koekchuch, 남자 옷을 입은 여인)*는 마녀라고 할 수 있으며, 이들은 해몽도 한다."[4)] 이러한 불충분한 자료를 가지고는 크라쉐닌니코프의 여행 당시 캄차달족에게 가족적 샤먼이 존재했었는지의 여부를 가리기는 거의 불가능하다. 왜냐하면 노인이 의례에 중요한 역할을 담당하는 것은 별개의 각 가정에서가 아니라 공동 의례에서이기 때문에, 우리

---

1) 같은 책.

2) 요헬슨이 코리약족 중에 체류하고 있었을 때(1900-1901), 그는 단지 두 명의 샤먼을 만날 기회가 있었다. 둘 다 젊은 남자였으며, 어느 누구도 그들의 친척으로부터 특별한 존경을 받지 못하였다(Jochelson, *The Koryak*, p.49).

3) Krasheninnikoff, *Description of the Country of Kamchatka*, ed. 1775, p.85.

* 저자의 용어 해설에 의하면 샤머니스틱한 능력을 가진 거세 당한 남자를 일컬음.

4) 같은 책, p.81.

는 오히려 노인들을 공동 샤먼이라고 불러야만 한다. 그러나 비록 전문화되지는 않았지만, 모든 노파가 샤먼화될 수 있었던 이래로, 어떤 형태의 직업적 샤머니즘은 존재했던 것이다. 한편 다음의 인용문은 샤먼이 되기 위해서는 어떤 필수적인 자격이 있어야 하는가를 설명해 준다:

"샤먼이 되기 위해서 여성이란 성性은 남성보다 더 좋은[1] 것이며 슬기로운 것이다. 그래서 샤먼 중에는 남성 샤먼보다 더 많은 여성 샤먼과 코엑추크가 있는 것이다."[2]라고 크라쉐닌니코프는 언급하였다. 요헬슨에 의하면,[3] '스텔러와 크라쉐닌니코프는 캄차달족에 직업적 샤먼은 없지만, 특히 여성과 코엑추크를 위시해서 모든 사람들이 그러한 샤먼의 기술을 행사할 수 있다고 주장한다. 또한 그들은 캄차달족이 특별한 샤먼의 의상도 없으며, 북도 사용하지 않지만, 간단하게 주문(incantation)을 외울 수 있고, 점도 칠 수 있다고 하였다(Krasheninnikoff, iii. p.114; Steller, p.277). 이 점은 현재의 가족적 샤머니즘과 더욱 흡사한 것처럼 보인다. 그렇지만 아시아와 아메리카의 여러 종족 중에서 캄차달족만이 직업적 샤먼을 갖지 않는다는 예외성은 생각하기 어렵다'는 것이다.

위에서 인용한 요헬슨의 견해에 찬성하면서, (크라쉐닌니코프의 상반된 견해가 있긴 하지만) 우리는 캄차달족에는 노인의 주관 하에 있었던 공동 샤머니즘과 함께 직업적 샤머니즘이 적어도 그 원초 형태나마 존재하여 온 것으로 말할 수 있다. 이 점은 위에 인용한 크라쉐닌니코프 자신의 말에서 분명히 드러난다. 가장 효과적으로 샤먼화 할 수 있는 사람이 훌륭하고 재치있는 여성이라는 점은 어떤 종류의 기준이 이러한 공동 샤머니즘 외의 특별한 종교 의례자가 되려고 원하는 사람에게 이미 주어졌음을 의미하며, 또한 여성이 이러한 이상에 가장 가까이 접근하였다는 것을 지적하여 준다.

---

1) 이 표현은 다소 모호한 감이 있지만, 이 점에 대해서 저자는 책임이 없다. 원문 자체가 nicer 와 같은 분명치 않은 표현을 쓰고 있기 때문이다.

2) Krasheninnikoff, p.15, quot. Troshchanski.

3) Jochelson, *The Koryak*, p.48.

A. 샤먼의 소명

샤먼의 소명이 세습에 의한 것이든 아니든지 간에, 샤먼은 능력 있는 인물이라기보다 신의 계시를 받은 사람이어야 한다. 물론 이 점은 샤먼의 신경이 예민하고, 흥분을 잘하며, 때로는 거의 정신 이상에 가깝다고 하는 말과도 통한다. 그러나 샤먼이 그의 소명을 수행하는 동안은 결코 이러한 정신 이상의 한계는 넘지 않는다. 〈소명 받은 사람〉이 되기 전에 심한 신경병 증세를 일으키는 것은 흔히 있는 일이다.[1] 축치족의 여성 샤먼 델피나는, 그녀 자신의 말에 의하면, 작년 동안 심한 정신 이상 상태로 고생했는데, 그동안 그녀의 가족들은 그녀가 다른 사람이나 그녀 자신을 해치지나 않을까 하여 조심하였다고 한다.[2]

'샤먼이 될 소지가 있는 사람은 격렬한 경련과 완전히 지친 심신의 상황이 교대로 일어난다고 한다. 그들은 식음을 전폐하고 이삼일 동안 꼼짝 않고 누워만 있다가 마침내 황무지로 숨어 들어가서 소명 받을 준비를 위해서 배고픔과 추위를 견디며 지낸다.'[3]

샤먼이 되라는 신의 부름을 받아들이는 일은 일반적으로 히스테리를 앓고 있다는 것과 동일시된다. 그리고 소명을 받아들인다는 것은 히스테리의 완쾌를 뜻한다. '수년 동안 고질적인 병(대개는 신경성 병세)을 앓아온 젊은이들이 샤먼의 일에 종사하라는 신의 부름을 느끼고는 곧 완쾌되었다는 사례들이 있다.'[4]

또한 소명을 허락하는 일은 샤먼이 자신의 보호자나 종복(servants)으로서 하나 이상의 정령을 갖는다는 것을 뜻하는데, 바로 이 점 때문에 샤먼은 정

1) 보고라스는 항상 싸우려고만 하고, 또 그러한 경우 칼을 휘두르는 몇 명의 샤먼을 만났다. 예컨대 Kelewgi라는 샤먼은 그의 털가죽을 사지 않으려는 한 코작크인을 죽이려고 하였다(Bogoras, 앞의 책, p.426).

2) 앞의 책, p.428.

3) Jochelson, *The Koryak*, p.47.

4) Bogoras, *The Chukchee*, p.421.

령 세계와 교류를 시작할 수 있는 것이다. 샤먼의 소명은 그 징조가 어떤 동·식물 혹은 사물을 통하여 나타나는데, 소명을 받는 사람의 '적절한 시기'에, 즉 아주 어릴 때나 종종 사춘기의 과도기에 (때로는 고령의 노인이라도 정신적 또는 육체적 고통을 받고 있을 때에도) 갑자기 나타난다. '때로는 사람에게 "정령"과 교류를 시작할 수 있게 하는 것은 내적인 소리이다. 만일 소명에 복종하는 것이 늦어지면, 소명을 내린 정령은 곧 어떤 가시적可視的인 형태로 나타나서, 더욱 분명한 방식으로 소명을 전달하게 된다.' 애난왓Ainanwat은 오랜 질병 후에 몇몇 정령들을 보았지만, 그들에게 깊은 관심은 갖지 않았다. 그러자 한 정령이 나타났는데, 애난왓은 그 정령을 좋아해서 머물러 있기를 부탁했다. 그러나 정령은 애난왓이 샤먼이 되어야만 머물러 있을 것이라고 말하였다. 애난왓이 거절하자, 정령은 떠나고 말았다.[1)]

다음은 한 야쿠트-퉁구스족 샤먼인 티우스피우트(하늘로부터 내려왔다는 뜻)가 어떻게 샤먼이 되었는지에 관한 설명이다:[2)]

'스무 살이 되던 해에 나는 몹시 아팠고, 다른 사람들이 보거나 듣지 못하는 것을 나는 "내 귀로 듣고 내 눈으로 보기" 시작했다. 그 후 나는 9년 동안이나 투병을 하였는데, 그동안 내게 일어났었던 일들을 아무에게도 말할 수 없었다. 사람들이 내 말을 믿으려 하지 않고, 나를 비웃을까봐 두려웠다. 마침내 나의 병세는 대단히 위독해져서 죽음의 지경에까지 이르게 되었다. 그러나 내가 샤먼의 일을 시작하자 곧 병세는 호전되었다. 그 후로부터 나는 오랫동안 샤먼의 일에 종사해 오지 않았다. 그래서 지금에 와서는 오히려 그러한 질병에 시달릴 위험에 다시 처해 있다.'

시에로스제프스키에 의하면, 샤먼 티우스피우트는 그 당시 60세였다고 한다. 그 샤먼은 9년 동안이나 샤먼적인 소질을 숨긴 셈이었다. 시에로스제프스키가 만났던 당시의 그 샤먼은 31년 동안이나 샤먼의 일에 종사해온 것이

---

1) Bogoras, 같은 책.

2) Sieroszewski, *12 Lat w kraju Yakutów*, p.396.

다. 그는 보통의 키에 약간 마른 듯한 인상이었지만, 근육형의 체격으로 보아 젊었을 때는 대단히 건장했었음을 알 수 있었다. 그는 노령에도 불구하고 꼬박 밤새워서 춤추며 의례를 거행할 수 있었다. 또한 그는 대단히 경험이 풍부한 인물로서, 남쪽이나 북쪽 모두를 여행한 일이 있다고 한다. 샤먼 의례 중에 그의 눈은 이상한 광기로 번뜩이며, 그의 노려보는 듯한 시선은 사람들을 두려움과 흥분 속에 몰아넣었다.

'이 사람이 내가 야쿠트 지구에서 만났던 이상한 눈을 가진 두 번째 샤먼이다. 대체로 샤먼의 외모에는 나의 짧은 경험으로도 알 수 있는, 보통 사람들과는 다른 특이한 그 무엇이 있었다.'[1)]

이와 비슷한 진술은 축치족 샤먼에 관한 보고라스의 견해에서도 보인다: '샤먼의 눈은 보통 사람과는 다른 모양인데, 그 이유를 샤먼들은 그들의 눈이 매우 밝아서 어두움 속에서도 정령을 볼 수 있어야 하기 때문이라고 설명한다. 샤먼의 얼굴 표정이 교활함과 수줍음이 섞인 특이한 것이라는 점은 분명한 사실이다. 샤먼을 보통 사람과 구별 짓는 것은 종종 가능한 일이다.'[2)]

'축치인들은 그들의 샤먼이 앓는 극도의 신경 질환에 대하여 잘 알고 있어서, 그러한 신경 질환을 "그는 수줍어 한다."라는 뜻의 니니르킬퀸(ninirkilqin)이라는 말로 표현한다. 이 말은 또한 축치인 사이에서 샤먼이 매우 민감하다라는 뜻으로도 사용되는데, 실제로 샤먼은 그의 의례 시에 조그만 정신적 분위기의 변화에도 극도로 예민하다.'

'축치족 샤먼은 낯선 사람 앞에서 의례를 거행하기를 꺼려하는데, 특히 신내림을 치른 직후의 초보 샤먼은 더욱 그러하다. 위대한 샤먼은 낯선 사람 앞에서 그의 솜씨 보이기를 거절할 것이며, 아니면 간절한 청을 거듭 받은 연후에야 겨우 승낙할 것이다. 그래도 대개는 그의 능력 모두를 보여주는 것은 아니다.'[3)] '언젠가 내가 한 샤먼을 달래서 우리 집에서 의례를 거행하게 하였는

1) 같은책.

2) Bogoras, 앞의 책, p.116.

3) 같은책.

데, 샤먼의 "정령들"(복화술을 가능하게 함)은 한동안 오기를 거부했었다. 그들 정령이 마침내 왔을 때에도, 그들은 집안으로 들어오기를 아직 결정하지 못한 듯이 집 밖을 돌아다니며 벽을 두드리곤 하였다. 정령들은 집안에 들어와서도, 집안에 있던 사람들과 너무 가까이 있게 되는 것을 꺼린 나머지 구석을 차지하였다.'

샤먼이 되라는 소명은 가끔 나이 많은 사람에게도 내린다:

'나이 많은 성인에게도 샤먼의 소명이 내리는 경우는 위험스러운 고질의 병을 앓는다든지, 가족이나 재산을 갑자기 잃었다든지 또는 심한 불행을 당했을 경우 등이다. 이러한 경우 상황을 순조롭게 해결하기 위한 방안은 "정령"의 도움을 받는 길밖에 없다. 그래서 큰 불행을 겪어 본 사람은 샤먼이 될 소지가 있다고 믿어지는 것이다. 그리고 정령의 도움으로 불행에서 벗어난 사람은 정령의 은혜를 잊고 무시하면 정령의 노여움을 받을까 두려워서 "정령"과 더욱 친밀해져야겠다고 생각하게 된다.'[1]

인디언 곶의 우니삭 마을 사람인 카텍Katek은 바다표범을 사냥할 때에 겪었던 그 무서운 체험 후에, 성인의 나이에도 불구하고 정령들과 친분 관계를 맺게 되었다. 카텍은 바다표범을 사냥할 때 서있던 얼음덩이 위에서 오랫동안 바다를 표류한 후에야 가까스로 한 빙산에 이를 수 있었다. 그러나 빙산에 이르기 전에 그는 허리춤의 칼로 자살하려고 했었는데, 거대한 해마의 머리가 그의 옆에서 불쑥 튀어나오더니 이윽고 노래를 하였다: '오! 가엾은 카텍, 아! 죽지 말아라! 우니삭 산과 네 막내아들 쿠와칵을 다시 볼 수 있을 테니까 말이다.' 카텍은 집에 돌아오자마자 해마 머리에 희생물을 바쳤다. 그리고 그 후부터 그는 샤먼이 되었는데, 마을 사람들로부터 많은 존경을 받아서 인근에 그 명성이 자자하였다.[2]

그러나 매우 늙은 사람은 샤먼의 소명을 받아들여서는 안 되도록 되어 있

1) 앞의 책, p.421.
2) 앞의 책, p.421.

다. 코리약족의 민담에는[1] 퀴킨나꾸(그는 이미 과년한 딸을 갖고 있다)라는 사람이 작은 이(louse)로 뜻밖에도 북을 만들어 내고는 샤먼이 되었는데, 이때 마을 사람들은 회의적으로 말한다: '늙은 퀴킨나꾸가 정말 샤먼이 되었다고? 그는 젊어서부터 어떤 정령의 소명도 받지 못했는데.'

그렇지만 젊은 사람들은 그들이 어떤 일로 괴로움을 당할 때에는 '정령'에게 도움을 청한다. 이때 정령이 나타나면 젊은이는 흔히 샤먼이 된다.

'북극해 연안 마을 태생인 예틸린Yetilin이라는 한 청년은 후에 아누이 강변(the Dry Anui River)에서 순록을 기르는 가정으로 결혼해 들어갔는데, 언젠가 내게 말하기를, 그의 집안 식구들은 어렸을 적에 전염병(아마도 독감으로 생각되는)으로 모두 죽어버려서 나이 어린 여동생과 함께 외롭게 살고 있었다고 했다. 그때 "정령"들에게 도움을 요청하자, 정령들은 음식을 가지고 나타나서 "예틸린! 북을 치기 시작해라! 우리가 너를 도와줄 것이다."라고 말하였다.'[2]

축치족의 민담에는 '정령'의 보호를 받았던 천대 받는 가엾은 고아들이 후에 샤먼이 되었다는 이야기가 있다.

샤먼의 소명에는 상당한 위험이 따른다: '샤먼의 행동과 신비스러운 "정령"의 소명 사이에 조그만 틈만 생겨도, 샤먼은 죽음에까지 이르게 된다. 축치인들이 믿는 바에 의하면 "정령"은 매우 고약한 성질을 가졌기 때문에, 샤먼이 조금만 순종하지 않아도 즉시 죽음으로 벌을 주며, 특히 샤먼이 여러 사람들 중에서 자기를 선택하려는 정령의 소명을 지체할 경우에 그렇다고 한다.'[3]

더 발전된 종족에서도 비슷한 이야기를 들을 수 있다. '샤먼이 자신의 의무를 수행하기는 쉬운 일이 아니다. 그가 계속해야만 하는 투쟁은 위험한 것이다. 샤먼이 살아 있는 채로 지상에서 하늘로 올라갔다는 전설이 있고, 또 "정령"이 죽인 샤먼에 관한 이야기나, 친교를 원했던 정령이 샤먼을 만나자마자

1) Jochelson, *The Koryak*, p.291.

2) Bogoras, 앞의 책, P.424.

3) 앞의 책, p417.

죽어버렸다는 전설도 있다. 이러한 위험한 투쟁을 계속하기로 결심한 마법사*의 의도는 물질적인 소득을 얻는 것뿐 아니라, 그를 따르는 신도들의 불행을 덜어주려는 것이다. 즉, 마법사는 개인의 위험을 무릅쓰고 엑스터시 상태에서 그의 의무를 수행하는데, 이는 바로 희생이라는 높은 이상에 의해 고취된 신념과 종교적 신앙 그리고 소명 의식을 마법사가 가지고 있음을 의미한다. 이러한 마법사일수록 항상 신도들에게 강한 영향을 미친다. 나는 이와 같은 진정한 샤먼을 한두 번 만나본 후에야 비로소 원주민들이 샤먼의 부류를 대大샤먼, 중中샤먼, 사이비 샤먼으로 나누는 것을 이해하게 되었다.'[1] 샤먼은 초자연적 힘의 위험에 항상 노출되어 있지만 인간의 분노로부터는 다른 어떤 사람보다도 더 안전하다고 생각된다.

축치족의 한 민담은 다음과 같이 전한다: '그녀(살인자)는 부엌 아궁이에 불을 지피기에 바쁜 이웃 여자를 등 뒤에서 칼로 찔렀다. 그렇지만 그 이웃 여자는 상관 않고 계속 불을 지피는 것이었다. 그녀는 보통의 여자가 아니라 (샤먼 의례 중에는) 스스로 자기의 몸을 찌를 수 있는 여성 샤먼이었기 때문이다. 그래서 살인자는 결국 여성 샤먼을 죽일 수 없었고, 다만 팔과 다리의 근육을 다치게 했을 뿐이다.'[2]

자기 자신을 칼로 꿰뚫어, 칼끝을 등 밖으로 내밀게 할 수 있는 사람이나,[3] 자신의 머리를 잘라서는 장대 위에 올려놓고 유르타 주변을 돌면서 춤출 수 있는 사람은[4] 적의 공격에 충분히 대처할 수 있다. 남자 샤먼인 '흉터 있는 여인Scratching Woman'은 이전에 보고라스에게 술을 요구했었는데, 정작 술을 권하자 거절하면서 나름과 같이 설명했다: '당신에게 솔직히 말해서, 내가 음주를 하게 되면 성질이 고약하게 된다. 그래서 내 부인은 항상 나를 감시하며

---

* 샤먼을 의미한다.

1) Sieroszewski, 앞의 책, p.639.

2) Bogoras, *Chukchee Materials*, p.32.

3) Sieroszewski, 앞의 책, p.398.

4) 같은 책.

모든 칼을 내 눈에 띄지 않게 한다. 하지만 우리가 떨어져 있게 되면, 나는 겁이 난다.'[1)]

대체로 샤먼들은 정부의 박해에도 불구하고 그들의 소명에 깊은 애착심을 갖고 있다. 샤먼 티우스피우트는 러시아 관리로부터 여러 번 처벌을 받았고 또한 그의 샤먼 의상과 북은 태워 버려졌다. 그러나 이러한 박해가 있은 후에도 꾸준히 그는 다시 샤먼의 일에 종사하였다. '우리는 샤먼의 일을 해야만 한다. 우리는 샤먼의 일을 그만둘 수는 없다. 그리고 우리가 그 일을 계속한다 해도 나쁠 것은 없다.'라고 그는 시에로스제프스키에게 말했다.

또한 늙고 눈이 먼 다른 샤먼은 다음의 사실을 확언하고 있었다. 즉, 그는 이전에 한때는 샤먼이었다. 그러나 그가 샤먼의 일을 그만두었던 것이 죄가 되었음을 확신한 이후에도, 그리고 '다른 능력 있는 샤먼이 그에게서 "정령", 에뫼그얏(ämägyat)을 빼앗아 갔음에도 불구하고, 여전히 정령은 그를 눈멀게 하였다.[2)]

바이간타이(Baigantai) 마을에서 시에로스제프스키는 한 샤먼을 우연히 만났는데, 그 샤먼은 여러 차례 샤먼의 일에 종사하지 않겠다고 맹세했었지만, 어떤 일이 생기면 여전히 샤먼으로 되돌아갔다. 그는 부자였기 때문에 돈벌이에 별로 관심이 없었지만, 샤먼 의례 중에는 '그의 두 눈이 이마 위로 튀어나올 만큼' 멋진 샤먼이었다.

티우스피우트는 가난하여 돈이 필요했지만, 명성을 더 중히 여겼다. 한번은 이웃 사람이 티우스피우트보다 멀리 떨어진 곳에 사는 샤먼을 요청한 일이 있었는데, 그때 그는 대단히 감정이 상했다.

보고라스는 고시베리아족의 샤먼 중에서 '샤먼의 기술만으로 생계 수단이 충족된다는 샤먼을 만나 본 적이 없다. 그들에게 샤먼의 기술은 부수입의 근거가 될 뿐이다.'[3)]

---

1) Bogoras, *The Chukchee*, p.428.

2) Sieroszewski, 앞의 책, p.394.

3) Bogoras, *The Chukchee*, p.425.

퉁구스족과 야쿠트족의 샤먼은 그의 의례가 성공할 때에만 보상을 받는다. 요즈음 러시아 화폐가 통용된 이후로는 샤먼 의례의 대가로 1루블에서 25루블까지 받으며, 그 위에 많은 음식도 제공받는다.

트랜스 바이칼 지방의 퉁구스족 샤먼은 다음과 같은 소명을 받는다: 죽은 샤먼이 꿈에 나타나서 자기의 계승자가 되라고 권하는데, 샤먼이 될 사람은 부끄러워하고 정신이 혼미하며, 그리고 극도의 신경 쇠약에 걸리게 된다.[1)]

이와 비슷한 사례는 모든 시베리아 종족에 관한 문헌 자료에서도 찾아볼 수 있다.

샤먼직이 세습이 되는 것은 샤먼의 자손이 어디에서든지 소명을 받을 성향을 나타내는 경우에 그렇다.

오스챡족에서는 샤먼인 아버지가 직접 후계자를 선택하는데, 나이보다 능력에 따라서 결정한다. 그리고 선택된 사람에게 자신의 지식을 전해 준다. 만일 자식이 없는 경우라면 친구나 양자에게 샤먼직을 넘겨줄 수 있다.[2)]

오스챡족의 샤먼은 가끔 그의 친숙한 정령을 다른 샤먼에게 팔아넘긴다. 정령을 판 대가로 돈을 받은 다음에, 그는 머리카락을 여러 갈래로 나누고는, 정령이 새로운 주인을 찾아서 옮겨가는 시간을 정한다. 정령은 주인이 바뀌었기 때문에 새 주인에게 고통을 준다. 만일 새로운 샤먼이 이러한 고통을 느끼지 못한다면, 그것은 그가 결코 유능한 샤먼이 될 수 없다는 하나의 조짐이 된다.[3)]

야쿠트족과 부리야트족의 샤먼직은 반드시 세습되는 것은 아니지만, 때로는 흔히 세습되기도 한다. 샤먼의 정령은 같은 집안 내의 사람들에게 옮아 다니기 때문이다.[4)]

알타이족은 자신의 의지로는 샤먼이 될 수 없다고 믿는다. 샤먼이 되려는

---

1) Anonymous Article in *Siberian News*, 1822, pp.39-40.
2) Bielavewski, *A Journey to Glacial Sea*, pp.113-114.
3) Tretyakoff, *The Country of Turukhansk*, 1871, p.223.
4) Sieroszewski, 앞의 책, p.395; Potanin, Troshchanski

조짐은 싫든 좋든 유전병 형태로 나타난다. 간혹 젊은이가 이러한 소명의 징후를 느끼게 되면, 샤먼과 샤먼 의례를 피해 버리며, 자신의 의지로 노력하여 스스로 치유할 수 있다. 샤먼 집안의 후손에게 소명이 내리는 것을 테스 바진-얏(tes bazin-yat)이라고 부르는데, 이 말은 '조상(정령)이 뛰어 와서 그를 질식시킨다.'라는 뜻이다.[1)]

B. 샤먼의 준비 기간

I. 고시베리아족

축치족(Chukchee) 축치인은 샤먼의 준비 기간을 '그가 샤먼적인 능력을 기른다'라는 뜻의 낱말로 설명한다. 큰 능력 없는 샤먼이나 여성 샤먼에게 준비 기간은 크게 고통스럽지는 않고, 영감도 주로 꿈속에서 받게 된다.

그러나 대샤먼이 될 소지가 있는 자에게는 이 기간이 매우 고통스럽고 길어서 어떤 경우에는 1, 2년 이상이나 지속된다. 어떤 젊은이들은 북을 가지면 '정령'을 불러들이게 될 것 같아 두려워 하며, 혹은 호부護符(amulet)일지도 모르는 돌멩이나 물건을 줍는 것도 꺼림칙하게 생각한다. 왜냐하면 '정령'이 젊은이들을 샤먼이 되라고 요구할 것이 두렵기 때문이다. 어떤 젊은이는 정령의 부름에 응하기보다 차라리 죽음을 택하는 일도 있다.[2)] 자녀를 하나만 둔 부모들은 샤먼의 소명에 따르는 위험이 크기 때문에, 그들의 자녀가 소명에 응하는 것을 매우 두려워 한다. 그러나 식구가 많을 경우에는 그 중 한 사람이 샤먼이 되기를 바란다. 샤먼의 준비 기간 동안에 그는 정신 훈련과 아울러 육체 훈련도 반드시 감당해 내야만 한다. 샤먼 후보자인 그는 대체로

---

1) Wierbicki, *The Natives of the Altai*, p.44.

2) Bogoras, *The Chukchee*, p.450.

사냥 도구나 목동이 쓰는 올가미도 갖지 않은 채 사냥이나 가축 떼의 감시를 핑계 삼아 숲 속이나 언덕으로 들어감으로써, 스스로를 격리시킨다.[1] 그렇지 않으면 그는 준비 기간 내내 내실(the inner room)에서 지낸다. "새로이 영감을 받은" 젊은 샤먼 후보(축치어로 turene nitvillin이라고 부른다)는 일상생활의 모든 일에 흥미를 잃어버린다. 즉, 일도 하지 않고, 음식도 맛볼 수 없을 만큼 아주 조금 먹으며, 사람들과 말도 나누지 않는데, 말을 걸어도 대답조차 하지 않는다. 그리고 거의 대부분의 시간을 잠자는 것으로 소비한다.' 그래서 방랑자는 … 가까이에서 잘 지켜보아야 한다. 그렇지 않으면 광활한 툰드라 위에 쓰러져서 3, 4일 동안 그냥 잠만 자게 되는데, 겨울에는 눈보라에 파묻혀 죽게 될 수도 있다. 이러한 오랜 동안의 잠에서 깨어났어도 샤먼 후보자는 자신이 단지 몇 시간 동안 야외에 있었다고 생각하며, 툰드라 벌판에서 있었던 그 오랜 동안의 수면은 전혀 기억하지 못한다.[2]

이러한 오랜 수면에 관한 설명이 다소 과장된 점이 있다 하더라도 보고라스의 다음 설명을 감안하면, 다소 이해할 수 있을 것이다. 즉, 축치족은 병을 앓을 경우 때로는 며칠 동안 계속해서 깊은 잠에 빠지게 되는데, 이것은 다만 육체적으로 휴식이 필요하기 때문이라는 것이다.[3]

코리약족(Koryak) 샤먼 후보자의 정신적인 훈련은 정령과 접촉하는 것에서 시작되는데, 바로 이 정령이 샤먼 의례 중에는 샤먼의 보호자가 된다. 요헬슨에 의하면 '모든 (코리약족의) 샤먼은 수호신을 갖는다. 이 수호신은 질병 퇴치를 위해서 칼라우(kalau)*를 물리치는 샤먼을 도와주어서 다른 샤먼보다 더욱 병을 잘 치료할 수 있게 해 준다. 또한 샤먼에 대항하는 적들을 물리치게 도와준다. 샤먼의 정령은 항상 동물이나 새의 형태로서 나타난다. 늑대,

1) 같은 책, p.420.

2) 같은 책, p.421.

3) 같은 책..

* 코리약어로 악령들이란 뜻.

곰, 갈가마귀, 갈매기 그리고 독수리가 가장 일반적인 수호신들이다.'[1] 요헬슨은 코리약족의 두 샤먼을 만났는데, 그 중 한 샤먼은 요헬슨에게 '어떻게 사막에서 늑대, 갈가마귀, 곰, 갈매기 그리고 물떼새의 정령들이 — 어떨 때는 사람의 모습으로, 어떨 때는 동물의 모습으로 — 그(샤먼)에게 다가오는지 그리고 샤먼이 되거나 아니면 죽으라고 명령하는지' 설명하였다. 이와 같이 어떤 사람이 혼자 있을 때 '정령은 가시적인 형태로 나타나서 그에게 샤먼직에 종사할 수 있는 능력을 주고 또 여러 가지를 가르친다.' 그러나 보고라스는 샤먼 후보자의 정신적 훈련을 다르게 설명한다. '소명을 받아들이는 과정은 소명에 거부하는 정신적 몸부림 때문에, 젊은 샤먼에게는 이마와 관자놀이에 피를 흘릴 정도로 매우 고통스러운 것이다. 후에 샤먼이 거행하는 모든 의례의 준비는 샤먼 후보자 시절의 준비 과정을 그대로 되풀이하는 것으로 생각된다. 그래서 축치족 샤먼은 의례 준비 기간에는 출혈하기 쉽고, 심지어 피땀도 잘 흘린다.'[2]

보고라스는 샤먼들 중에서 코피 흘리는 것을 두 번 보았고, 한 번은 피땀이 난 경우를 목격했는데, 그는 관자놀이에 흐르는 피땀이 코피가 묻은 것이 아닌가 의심하였다.[3]

샤먼 후보자는 육체적 훈련의 과정으로서 노래, 춤, 요술, 복화술, 북치기를 배워야만 한다.

'북을 치는 것은 매우 단순한 것 같지만 사실은 일정한 기술이 필요해서, 바람직할 정도로 완벽하게 치기 위해서는 상당한 시간을 소비해야만 한다. 따라서 북치기 기술의 습득에는 대단한 인내력이 필요하다. 이 점은 노래 부르기에 있어서도 마찬가지이다. 정령의 현시는 몇 주 동안 계속되며, 그동안에 샤먼은 거의 쉬지 않고 가장 격렬한 연습을 한다. 이러한 북치기, 노래, 춤 등의 연희가 끝난 후에도 조금의 피곤한 기색도 보여서는 안 된다. 그 이유는

1) Jochelson, *The Koryak*. p.47.
2) Bogoras, 앞의 책, p.420.
3) 같은책.

샤먼 후보자를 정령이 도와주고 있고, 더구나 정령이 샤먼의 몸 안에 있든지 아니면 몸 밖에 나가 있을 때에도 연희의 대부분은 정령 자신이 행하는 것으로 믿기 때문이다. 이러한 모든 일에는 대단한 인내가 필요하며 절정에 이른 흥분 상태에서 곧바로 평정을 되찾을 수 있는 능력도 물론 오랜 연습에 의해서만 가능하다. 실제로 내가 알았던 모든 샤먼은 한결같이 그들이 정령의 도움을 받아서 손에 충분한 힘을 갖게 되고, 또한 목소리를 자유자재로 구사하기 전까지는 1, 2년의 긴 시간을 보내야 한다고 하였다. 어떤 샤먼들은 준비기간 내내 내실 부근을 떠나지 않고, 하루에도 몇 차례씩 자기의 체력이 허용되는 한 지칠 때까지 오랫동안 북을 친다고 한다.'[1]

물론 훈련 기간 동안이나 각각의 개인적 종교 의례 전에는 일정한 음식이 샤먼 후보자에게 반드시 제공되어져야 한다.

샤먼 후보자도 그를 가르치는 선생이 있는가? 우리는 다만 그들이 어려운 주술적 기교를 배울 때에는 선생이 있어야 한다고 추측할 뿐이다. 이 점에 대해 자세한 정보를 얻기는 어렵다. 왜냐하면 원주민은 샤먼이 갖는 영리함이 '정령'에게서 받은 것이라고 믿기 때문이다.

샤먼 〈흉터 있는 여인〉은 보고라스에게 "우리 샤먼들의 소명에는 거짓말이 많다."고 하였다.[2] '한 샤먼은 침실의 시트를 발가락으로 들어 올리고는, 그것이 "정령"이 한 일이라고 주장하였고, 어떤 샤먼은 셔츠의 가슴 부분이나 소매 자락에다 말을 걸고는, 목소리의 출처가 이상한 곳에 있는 것처럼 하였다.' 물론 그 자신은 이러한 일들이 전혀 속임수가 아니라고 기꺼이 맹세하였다.

때로는 노인이 젊은 샤먼을 가르친다. 자신의 능력 중 한 부분을 다른 사람에게 준 사람은 이에 상응하여 그 능력을 잃어버리는데, 후에라도 그 잃은 능력을 다시 찾기는 거의 불가능한 일이다. 늙은 샤먼은 자신의 능력을 전수하기 위하여, 샤먼 후보자의 입 안이나 눈에 입김을 불어대거나, 혹은 '생명의

---

1) 앞의 책, p.424.

2) Bogoras, *The Chukchee*, p.426.

근원적인 힘'(telkeyun)으로 가득 찬 자신의 육신을 칼날로 베고 다시 곧바로 샤먼 후보자를 찌르기도 한다.

보고라스는 축치족 중에서 샤먼의 능력을 누구에게 전수시켜 주었다는 이야기는 듣지 못했다. 그러나 에스키모의 한 부인이 남편에게서 샤먼의 일을 배웠으며, 또한 어린 아이들은 부모에게서 배웠다는 것은 사실이다. 성 로렌스 섬에 거주하는 어떤 가정의 예를 보면, 샤먼의 능력이 세대로 이어지면서 계승되어 왔는데, 그 증거로서 샤먼의 능력이 아버지로부터 아들에게 전수되어 온 사실을 들 수 있다.[1)]

길략크족(Gilyak) 스테른베르그Sternberg에 의하면,[2)] 길략크족의 샤먼은 다른 이웃 종족의 경우와는 달리 샤먼이 그렇게 중요한 역할은 하지 않지만, 민중 속에서 샤먼이 갖는 권한은 여전히 대단한 것이라고 한다. 한 길략크족 샤먼이 스테른베르그에게 말하기를, 자신이 소명을 받아들이기 전에 두 달 동안이나 병을 앓았는데, 그동안 의식을 잃은 채 꼼짝 않고 죽은 듯이 누워만 있었다고 한다. 또한 그는 가까스로 의식을 되찾을 때도 있었지만, 곧 다시 기절하고 말았다는 것이다. '만일 내가 샤먼이 되지 않았더라면 죽고 말았을 것이다'라고 그는 설명하였다. 이러한 시련기 동안에 그는 마른 나무토막처럼 마르게 되었다고 한다. 밤에는 자신이 부르는 샤먼의 노래를 들었다. 언젠가 그에게 새의 정령이 나타났다. 그리고 여기에서 조금 떨어진 곳에 서 있는 한 남자가 다음과 같은 말을 하였다: "북과 샤먼에게 필요한 모든 도구를 스스로 만들어라. 북을 치며 노래를 불러라. 만일 네가 보통 사람이라면 어떤 것도 만들지 못할 것이다. 그러나 네가 샤먼이 될 사람이라면 보통 사람처럼 되지는 않을 것이다." 제 정신으로 돌아왔을 때, 그는 친구들이 자신의 머리와 다리를 끌어서 불 가까이에 갖다 놓았음을 알았다. 친구들은 그가 정령(kekhn)에 의해 이미 죽었으리라 생각했었다고 그에게 말해 주었다. 그는 당

1) 앞의 책, p.420.

2) Sternberg, *The Gilyak*, p.72.

장 북을 달라고 하더니, 북을 치면서 노래를 부르기 시작하였다. 그는 자신이 반쯤은 죽은 비몽사몽의 상태에 있다고 느꼈다. 그러자 그는 처음으로 자신의 수호신인 케큰(Kekhn)과 켄치크(Kenchkh)를 볼 수 있었다. 그때 케큰이 말했다:

"어떤 사람이 아픈 것을 보면 고쳐 주어라. 켄치크는 믿지 말라. 그는 사람의 얼굴을 가졌지만, 몸은 새란다. 단지 우리만 믿어야 한다."

스테른베르그는 이같이 샤먼 능력이 처음으로 나타나는 장면을 목격했었다.

12살 소년인 쾨이니트Köinit는 스테른베르그의 꼬마 손님이었다. 그는 어린 나이였지만, 두 개의 영혼을 가졌다. 쾨이니트의 아버지는 참크라고 불리는 유명한 샤먼으로서, 그는 무려 네 개나 되는 영혼(산, 바다, 하늘, 지하 세계에서 각각 하나씩을 얻었다)을 가졌다. 어느 날 잠에서 갑자기 깨어난 쾨이니트는 샤먼들이 흔히 하듯이 펄펄 뛰고 구르며, 여러 음조와 억양으로 크게 소리치기 시작하였다. 이러한 광란의 행동이 끝난 후, 그의 얼굴은 노인처럼 여위고 파리하게 보였다. 그 소년이 나중에 자신의 행동에 대하여 설명한 것에 의하면, 케큰(길랴크족 샤먼의 친숙한 정령)이라는 정령이 둘이나 내게 나타나서 "우리는 네 아버지와 놀고는 하였는데, 이제는 너도 우리와 놀기로 하자"고 했다는 것이다. 소년은 그들이 아버지의 정령들임을 알아보았다.[1)]

II. 신시베리아족

고시베리아족에서 신시베리아족으로 관심을 돌려보면, 신시베리아족의 샤먼 수호신이 훨씬 고도로 발달된 존재임을 주목하게 된다.

야쿠트족 샤먼은 에뫼그얏(ämägyat), 예키우아(yekyua) 그리고 칼리아니

1) 같은 책, pp.73~74.

(kaliany)라는 세 종류의 정령과 관계한다(시에로스제프스키). 에뫼그얏은 모든 샤먼이 반드시 관계해야 하는 정령이다.

또한 에뫼그얏은 샤먼의 권위를 상징하는 철제 가슴 원판을 일컫는 말이기도 하다.

가장 약한 샤먼도 에뫼그얏[1] 과 예키우아를 소유한다. 예키우아는 하늘로부터 내려온 동물 화신化身으로 매력적인 정령이며, 또한 악마 같은 탐식가이다.

예키우아는 사람들의 눈에 잘 띄지 않는다. '나의 예키우아는 누구도 찾지 못할 것이다. 멀리 에드지간(Edjigan)의 바위 많은 산맥에 숨어 있기 때문이다.'[2] 일 년에 한 번, 눈이 녹고 땅이 검게 드러날 때, 예키우아는 숨었던 곳에서 나타나서 방황하기 시작한다. 그들은 싸움과 시끄러움의 난장판을 벌이는데, 이때가 되면 그들과 관계를 맺고 있는 샤먼은 매우 아프기 시작한다. 특히 여성 샤먼의 예키우아가 가장 해롭게 군다.

가장 나약하고 비겁한 것은 개들의 예키우아이다. 그리고 가장 강력한 것은 거대한 황소, 종마, 큰 사슴, 흑곰의 예키우아이다. '늑대, 곰 또는 개의 동물 화신, 즉 예키우아와 관계하는 샤먼은 매우 불행스럽다. 이러한 동물들은 도대체 만족할 줄을 모른다. 샤먼이 아무리 그들 예키우아에게 공양을 해도 만족을 모른다.' 특히 개는 두 발로 걷는 그의 친구, 샤먼을 한시도 평온케 하지 않는다. 곧 그는 샤먼의 심장을 물어뜯으며, 온 몸을 갈기갈기 찢어 놓는다.[3] 그렇게 되면, 샤먼은 병을 앓기 시작하고 심한 고통을 겪는다. 까마귀 또한 흉악한 예키우아이다. 독수리와 털북숭이 황소는 '악마 같은 전사'라고 불린다(abassy keiktah). 바로 이 호칭은 샤먼에게 최고의 아첨일 정도로 극찬

---

1) 시에로스제프스키는 샤먼의 종류를 셋으로 나누는데, 마지막 세 번째의 샤먼은 에뫼그얏을 갖지 않기 때문에 진정한 샤먼은 아니고 요술사나 특이한 사람들이라고 한다(*12 Lat w Kraju Yakutów*, p.628).

2) Sieroszewski, 같은 책, p.626.

3) 같은 책.

할 경우에도 사용된다.[1] 새로운 샤먼이 처음 나타났을 때 다른 샤먼은 곧 그가 처음이라는 사실을 알아내는데, 그것은 그들이 전에는 전혀 보지 못했던 새로운 예키우아가 새 샤먼과 함께 나타나기 때문이다. 다만 마술 샤먼이 다른 사람들은 보지 못하는 예키우아를 볼 수 있다.

트로쉬챤스키는[2] 예키우아에 대하여 다음과 같이 말한다: "샤먼의 수호신 중에 가장 중요한 역할을 하는 것은 예키우아(의미는 어머니-동물mother-animal)이다. 샤먼은 그들의 굿(kut)[3]을 종마, 늑대, 개와 같은 특정 동물로 구체화 시키는데, 이렇게 하여 이들 동물이 샤먼의 예키우아가 된다. 만일 어떤 동물이 같은 종의 다른 동물에 의해 죽게 되면, 그 동물의 예키우아와 관계하고 있는 샤먼은 죽게 될 것이다. 트로쉬챤스키는 샤먼이 다만 실제 샤먼의 일에 종사하고 있는 동안만 그의 굿을 동물 모습으로 구체화시키는 것이라고 생각한다.

이러한 '검은' 동물 수호신은 그의 샤먼과 어느 정도 혈육(blood and flesh)의 토템적·인격적 본성을 가지는 것처럼 보이는 반면에, 다른 한편으로 에뫼그약은 더 비인격적인 힘으로 생각된다.

시에로스제프스키의 설명에 의하면,[4] 에뫼그약은 대부분 '죽은 샤먼의 정령'이거나, 혹은 아주 드문 경우에 하위의 천신 정령(the secondary heavenly beings)이라고 한다. 그러나 여기에서 언급한 '정령'이란 용어는 매우 모호하게 사용되는 것 같다. 예컨대 우리가 좀 더 읽어 보면: '위대한 신들의 힘을 인간의 육신에 내재시킬 수 없기 때문에, 수호신은 항상 사랑하는 사람의 주변에 머물고 있으면서(육신 밖에서), 기꺼이 그의 요청에 응한다. 곧 어려운 상황에 처하면, 수호신은 그를 도와주고, 보호해 주며, 충고해 주는 것이다.'[5]

1) 같은 책.
2) Troshchanski, *The Evolution of the Black faith*, p.138.
3) 야쿠트족에 의하면, 굿이란 동물과 인간 모두에게 공통되게 있는 영혼의 한 부분이다.
4) Sieroszewski, 앞의 책, p.626.
5) 같은 책.

샤먼 티우스피우트는 "샤먼이 보고 들을 수 있는 것은 단지 그의 에뫼그얏을 통해서일 뿐이다"라고 말한다.

에뫼그얏은 어떤 우연한 사건을 계기로 하거나 하늘의 뜻으로 샤먼에게 접근한다. 티우스피우트는 자신이 겪은 우연한 사건을 다음과 같이 설명한다: "나는 북부 지방을 여행하고 있는 중에 우연히 산 속에서 사이바(saÏba)*를 보게 되었다. 마침 저녁 식사 준비를 위해서, 이것에 불을 지르게 되었는데, 그러자 나무더미 밑에서 한 유명한 퉁구스 샤먼의(티우스피우트는 야쿠트족 샤먼) 시체가 보였고, 이내 그의 에뫼그얏이 내게로 뛰어 들어왔다."[1] 만일 위대한 샤먼이 죽음에 임박해서 그의 에뫼그얏을 하늘로 보내게 되면, 그들은 천신의 존재로 변하게 된다. 그러나 그들이 하늘로 가지 않으면 조만간 지상에 나타날 것이다.[2]

위에서 언급해 온 두 정령 외에도, 야쿠트족 샤먼의 의례 중에는 또 다른 정령이 접근한다. 그 정령은 매우 해로우며, 때로는 샤먼에게 음탕하기도 한 여러 가지 행위를 모방하도록 강제로 시킨다. 이들 정령을 칼리아니(Kaliany)라고 부르는데, 그 대표적인 것은 아마도 악마 같은 신랑을 가진 악마의 딸, 곧 러시아의 악마(a Russian devil)로 생각할 수 있다. 그녀는 장님으로 어둠 속에서 손으로 더듬는 것과 같은 습관을 가지고 있다.

샤먼 후보자의 정신적 훈련에 관해서, 시에로스제프스키는 이상과 같이 설명하고 있다. 그러나 우리는 트로쉬챤스키에게서 좀 더 선명한 이해를 구할 수 있다.[3] 그는 백샤먼과 흑샤먼을 구별 지어 생각하는 그의 주된 견해를 계속 고수하면서, '백샤먼이든 흑샤먼이든 모든 사람이 샤먼이 될 수 있는 것은 아니다. 다만 적절한 교육을 받은 영혼인 쉬르(sür)**를 가진 사람만이 샤

---

* 두 기둥으로 받쳐진 대臺로서, 특히 샤먼의 시체가 여기에 노출되어 있다.

1) 같은 책, p.627.

2) 같은 책

3) Troshchanski, 앞의 책, p.146.

** 야쿠트족에서는 인간이 가진 세 영혼 중 하나이며, 알타이족에서는 사람이 죽을 때 육신을 떠

먼이 되는 것이다'라고 하였다.

'백샤먼의 쉬르는 아이(aïy)*가 가르쳤고, 흑샤먼의 쉬르는 아바시(abassy)**가 교육시킨 것이다. 야쿠트족에서 백샤먼의 쉬르가 어떻게 교육받는지에 대하여 우리는 모른다. 흑샤먼의 쉬르는 우주의 제9층(우주의 관념적 분할에서 지하 세계에 해당한다)에서 그의 스승과 함께 동거한다. 만일 쉬르가 제9층에서 교육받는다면 가장 위대한 샤먼이 될 것이다. 또한 제8층에서 교육받는다면 중샤먼이 될 것이며, 제3층의 경우는 요술사가 될 뿐이다.'

교육은 쉬르가 아바실라르(abassylar; abassy의 복수형)와 샤먼의 습관, 성격, 행동을 배우는 것으로 이루어진다.

샤먼의 교육 그리고 샤먼 입문식에서, 야쿠트족 샤먼은 늙은 샤먼이 가르치며, 또한 늙은 샤먼은 그에게 '에뫼그얏을 줌으로써' 성스럽게 한다.[1] 이러한 신성화의 계시(sign)는 더 이상 샤먼이 되기를 원치 않는 사람으로부터 샤먼에 의해 다른 사람에게로 옮겨질 수 있다. 야쿠트어 중에 〈우수이〉(usui)라는 낱말은 '샤먼의 기술을 가르친다'라는 뜻과 동시에 '샤먼을 신성하게 한다'라는 뜻도 있다.

프리푸조프[2]는 야쿠트족의 샤먼직 수여식을 다음과 같이 서술하고 있다: '늙은 샤먼은 샤먼 후보자를 높은 산이나 숲 속의 개척지로 끌고 가서는, 샤먼 의상을 입히고 방울도 준다. 그리고 양 옆에는 각기 9명씩의 어린 남자아이와 어린 여자아이를 세운다. 이윽고 샤먼은 자기의 샤먼 의상을 입고는, 젊은 후보자에게 자기를 따라서 어떤 말들을 반복하게 한다.' 늙은 샤먼은 샤먼 후보자가 이 세상에서 아끼는 모든 것을 포기하도록 하며, 그래서 앞으로 그의 요청에 항시 나타나 줄 정령을 섬기는 데 그의 생애를 바칠 것을 요구한다.

나는 혼을 말한다

* 야쿠트족의 백령白靈 또는 선령善靈.

** 야쿠트족의 흑령黑靈 또는 악령惡靈.

1) Troshchanski, 앞의 책, p.147.

2) Pripuzoff, *Materials for the Study of Shamanism among the Yakut*, pp.64-65.

그는 샤먼 후보자에게 '검은' 정령들은 어디에 거주하고 있는지, 그들이 일으키는 질병은 무엇이며, 그리고 어떻게 하여야 정령들의 비위를 맞출 수 있는지에 대하여 말해 준다. 마지막으로 후보자는 희생 동물을 죽여서, 그 피를 자기의 몸에 뿌려야 한다. 그리고 고기는 이 의식에 참석한 사람들이 나누어 먹는다.

부리야트족은 샤먼이 될 어린아이를 다음과 같은 징표(sign)로서 알아낸다.[1] '그는 자주 깊은 명상에 잠기며, 홀로 있기를 좋아한다. 그는 신비한 꿈을 꾸며, 때때로 발작을 일으키는데, 이때는 의식이 없는 것이다.' 부리야트족 신앙에 의하면, 바로 이때가 어린아이의 영혼이 가르침을 받고 있는 시기이다. 만일 그가 '백' 샤먼이 될 예정이면 '서방 텐게리'(Tengeri)*들에게서, '흑' 샤먼이 될 경우는 '동방 텐게리'에게 교육받는다고 한다. 그의 영혼은 신들의 거주지에 살면서 죽은 샤먼으로부터 샤먼의 소명에 관한 여러 비밀들을 배우는 것이다. 즉, 신들의 이름과 거주지, 신들을 달랠 수 있는 방법, 최고신에 종속되어 있는 정령들의 이름 등을 배워야 한다. 이러한 시련기를 거친 후에 어린아이의 영혼은 육신으로 돌아오며, 그래서 당분간 정상적 생활을 다시 시작한다. 그러나 청년기에 이르게 되면 이러한 시련의 경험을 겪었던 사람에게는 특이한 징후가 나타난다. 그는 매우 우울해 하며 쉽게 흥분하여 엑스터시 상태로 몰입되며, 불규칙한 생활을 하게 된다. 또한 샤먼 의례를 구경하기 위해서 이곳 저곳 울루스(ulus)**마다 돌아다닌다. 그는 매우 진지하게 샤먼의 기술을 연마하는데 몰두하며, 이를 위해서 높은 산이나 숲 속으로 숨어 들어가서는 큰 불을 밝히고서 정령들을 부르다가 마침내는 기절하게 된다. 그동안에 그는 다칠 수도 있기 때문에, 그의 친구들은 조심스럽게 그를 지켜본다.

---

1) Agapitoff and Khangaloff, *Materials for the Study of Shamanism in Siberia*, pp.42-53.

* 부리야트족의 지고至高신

** 야쿠트 족에서 1~30개 이상의 씨족을 포함하는 집단 단위가 나슬렉(nasleg)인데, 이 나슬렉이 몇 개 모인 것이 울루스이다.

샤먼 후보자가 새로운 샤먼으로서의 생활을 하기 위해 준비하고 있는 동안에 친척들은 훌륭한 샤먼을 모셔서 정령들에게 희생 제의를 올리며, 그들 정령이 앞으로 샤먼이 될 그를 도와달라고 간청한다. 샤먼 후보자의 가정이 가난한 경우에는 모든 마을 사람이 샤먼직 수여식에 필요한 희생 동물과 그 밖의 제물을 준비하는 일에 도움을 준다.

샤먼의 준비 기간은 몇 년 동안이나 계속되는데, 그 기간은 대체로 샤먼 후보자의 능력에 따라서 결정된다. 그러나 20세가 될 때까지는 샤먼이 될 수 없다. 마지막으로 그는 정화 의식(purification ceremony)을 치러야 한다. 이러한 하나의 의식이 샤먼에게 모든 권한과 능력을 부여해 주는 것은 아니며, 실제는 아홉 가지의 정화 의식이 있다. 그러나 극소수의 샤먼만이 모든 정화 의식을 치르며, 대부분의 샤먼은 2~3개의 의식만을 거친다. 또 어떤 샤먼은 전혀 하나의 의식도 치르지 않는다. 왜냐하면 정화된 샤먼(consecrated shamans)에게 지워지는 책임이 두렵기 때문이다. 신은 완전히 정화된 샤먼에게는 매우 엄격하여 그의 실수나 잘못에 대해 죽음이라는 벌까지 줄 수 있다.

첫 번째 정화 의식은 물의 정화(purification of water)로 시작된다. 이를 위해 '아버지 샤먼'(father shaman)으로 불리는 경험 많은 늙은 샤먼이 그의 아홉 명의 젊은 조수와 함께 선출된다. 조수는 늙은 샤먼의 '아들'이라고 일컬어진다. 정화수는 샘에서 — 때로는 세 개의 샘에서 — 길어와야 한다. 정화 의식이 있는 날 아침에 그들은 샘에 물을 길러 가는데, 그때 타라순(tarasun)[1]을 가지고 가서 샘의 남녀 주인 정령에게 뿌리면서 바친다. 샘에서 돌아오면, 자작나무 묘목을 뽑아서 빗자루를 만들고 그것을 샤먼 후보자의 집에 갖다 준다. 다음에 물을 뜨겁게 데우고, 그 속에 어떤 풀들과 나무껍질을 넣는다. 그리고 준비해 두었던 숫염소의 귀, 뿔, 발굽에 있는 털들을 잘라서는 또한 솥에 집어 넣는다. 다음에는 숫염소를 죽이는데, 솥에 피가 방울 져 떨어지게 하면서 죽인다. 정화 의식을 위해선 단지 물만이 준비된다. 염소 고기

1) 와인과 우유를 섞어 만든 부리야트족의 알코올 음료로 '우유 와인'이라고도 한다.

는 여기에 참석한 여자들에게 주어서 요리하여 먹게 한다.

이제 아버지 샤먼이 양의 어깨뼈를 가지고 미래에 대한 예언을 한다. 그는 샤먼 후보자의 선조 중에서 샤먼이었던 조상을 불러내서 와인과 타라순으로 헌주獻酒한다. 그리고는 자작나무 빗자루를 물에 적셔서 샤먼 후보자의 벌거벗은 등을 후려치는데, 아버지 샤먼의 아홉 아들들도 역시 그렇게 한다. 이렇게 빗자루로 치면서 말하기를 "만일 가난한 사람이 샤먼인 너를 부른다면, 네 수고의 보답으로 조금만을 요구하고 주는 대로 받아라. 항상 가난한 사람을 소중히 생각하고 도와주어라. 그리고 신들에게 가난한 사람들을 악령의 힘으로부터 보호해 달라고 기원하여라. 만일 너를 부자가 부른다면 수소를 타고 가거라. 그리고 네 수고의 보답으로 많은 것을 요구하지 말아라. 만일에 너를 가난한 사람과 부자가 동시에 부른다면, 먼저 가난한 사람에게 가도록 하라"라고 한다. 샤먼 후보자는 이러한 교훈을 샤먼을 쫓아서 뒤따라 부르며, 그것을 굳게 지킬 것을 서약한다.

다음에는 수호신에게 타라순의 헌주가 있게 되는데, 이것으로 의식을 마치게 된다.

물에 의한 샤먼의 정화는 적어도 일 년에 한 번씩 치르게 되지만, 때로는 한 달에 한 번 초생달이 뜰 때, 아니면 어떤 부정한 물건과 접촉한 후에 스스로 더럽혀졌다고 느꼈을 때 수시로 거행할 수 있다. 그렇지만 부정不淨이 특별히 컸을 경우에는 피로써 정화해야 한다. 샤먼은 또한 울루스에서 죽음이라는 부정이 일어났을 때 자신을 정화해야 한다.[1)]

이러한 정화 의식은 케레게-쿨케(Kherege-Khulkhe)라고 불리는 첫 번째 정화 의식이 있은 후 얼마 되지 않아서 거행되는데, 그 경비는 마을에서 공동으로 부담한다. 이때도 아버지 샤먼과 아홉 명의 아들이 선출되며, 그들 모두는 샤먼 후보자와 함께 말을 타고 유르타(yurta)*마다 돌아다니며 제물祭物

1) 같은책

* 텐트로 된 가옥

을 모은다. 유르타 앞마다 멈춰서는 큰 소리를 내어서 그들이 왔음을 알린다. 그들은 친절하게 환대받으며, 여러 가지 제물도 얻는다. 이중에는 치성 드린 손수건과 때로는 돈도 있는데, 손수건은 샤먼 후보자의 자작나무 지팡이에 묶는다. 그들은 나무로 된 컵과 말 모습 장대(horse-stave)에 매달 작은 방울 그리고 술을 산다. 의식이 있기 전날, 아버지 샤먼의 지시 하에 아들들은 작은 숲에 들어가서 튼튼한 자작나무를 베어낸다. 곧게 뻗은 자작나무로 그들은 말 모습 장대를 만든다. 자작나무를 베어낸 이 작은 숲은 울루스의 죽은 사람들이 묻히는 곳이며, 또한 이곳에서 정령들을 위안하기 위하여 양고기와 타라순이 제물로 바쳐진다. 한편 그들은 샤먼의 여러 장신구를 만들며, 그 동안에 아버지 샤먼과 동급의 여러 샤먼들은 정령을 부른다.

정화 의식일 아침에는 전에 준비해 두었던 자작나무를 심는다. 아직 뿌리가 붙어 있는 튼튼한 자작나무는 불 피기 위해 비워 두었던 유르타의 서남쪽 구석에 심는다. 나무 끝은 연기 빠지는 구멍을 통하여 위로 돌출하게 한다. 이 나무는 상징적으로 샤먼이 천상계로 오르는 것을 허락하는 수문장 신(the porter-god)을 나타낸다. 자작나무는 샤먼이 천상계에 오를 수 있는 길을 의미하며, 또한 이곳이 샤먼의 거주지임을 나타내주는 표시로서, 영구히 유르타 안에 남겨둔다. 다른 자작나무는 희생 제의가 올려지는 유르타의 앞쪽에, 서쪽에서 동쪽으로 다음의 순서로 심어진다:

i) '자작나무' 아래의 펠트(felt)로 된 융단 위에는 타라순을 놓는다. 그리고 샤먼이 '흑' 샤먼일 경우에는 검정과 노란색의 헝겊(ribbons)을, '백' 샤먼일 때는 흰색과 푸른색의 헝겊을, 백·흑 정령 모두를 섬기는 경우에는 네 가지 색의 헝겊을 그 자작나무 가지에 매단다.

ii) '자작나무'에 큰 방울을 달고, 희생 제의에 사용될 말을 묶어 둔다.

iii) 샤먼 후보자는 매우 튼튼한 '자작나무'에 올라가야 한다 — 세르게(serge)라고 부르는 세 그루의 나무를 뿌리째 심는다.

iv) 아홉 그루의 어린 '자작나무'는 세 개의 무더기로 구분하고, 각 무더기의 어린 자작나무는 백마의 털로 만든 끈으로 한데 묶는다. 다음에는 여기에 여러 가지 색의 헝겊을 — 흰색, 푸른색, 빨강색, 노랑색의 순서대로, 그리고 또한 그 순서를 되풀이하여 — 묶는다. 어린 자작나무에는 짐승의 가죽도 걸린다.

v) 아홉 개의 자작나무 기둥에 희생 제의용 동물들을 묶는다.

vi) 몇 그루의 튼튼한 '자작나무'에 희생 동물의 뼈를 묶어 놓는다. 이들 자작나무를 일렬로 심는다.

유르타 안의 중요한 자작나무부터 바깥에 심어져 있는 모든 나무에 이르기까지 모든 나무에 빨강색과 푸른색의 헝겊이 매달리게 되는데, 이것은 정령의 세계로 가는 샤먼의 길을 상징적으로 나타내주는 것이다. 일렬로 서 있는 자작나무의 북쪽에는 희생 동물의 고기를 요리할 수 있는 아홉 개의 솥이 마련된다.

모든 것이 준비되면, 샤먼 후보자와 의식에 참석한 샤먼들은 모두 샤먼 복장으로 갈아 입는다. 샤먼의 장신구들도 신성하게 정화되며, 그리고 나서 말 모습 장대는 실제로 살아 있는 말이 된다고 한다. 아침 내내 이곳에 모인 샤먼들은 정령을 부르며 타라순을 뿌린다. 이제 아버지 샤먼은 수호신들을 찾아 부르며, 샤먼 후보자는 그를 따라서 기도문(invocation)을 외운다. 샤먼 후보자는 유르타 안의 자작나무를 타고는 지붕에 올라가서, 큰 소리로 정령들을 부른다. 유르타를 떠날 순간이 되면, 네 명의 샤먼이 펠트 융단의 네 모서리를 각기 붙잡고 가져온다.[1] 유르타 입구 바로 바깥에 불을 피우고는 여러

1) 포타닌Potanin에 의하면, 펠트 융단(the felt carpet)에 대해서는 아가피토프Agapitoff와 캉갈로프Khangaloff가 언급하였는데, 그것은 의식의 가장 핵심적인 부분을 수행하는 수단이 된다고 한다. 본문에서 언급한 네 명의 샤먼이 샤먼 후보자를 펠트 융단에 태워서는 유르타에서 아홉 그루의 자작나무가 줄지어져 있는 데까지 옮긴다. 샤먼 후보자가 융단에 태워질 때, 그들은 "보 베그데"(bo begde)라고 말하는데, 그것은 '샤먼이 상승한다'라는 뜻이다. 자작나무에 도달하면 샤먼은 융단에서 나무로 번쩍 뛰어올라서는, 나무를 탄다. 나무 끝까지 올라가서, 이번에는 옆의 나무로 뛰어 옮긴다. 이렇게 되풀이 하여 일렬로 서있는 자작나무의 끝에까지 이르게 된다. 여기에서부터 다시 동일한 이동 방식으로, 출발했던 나무로 돌아와서 마지막에는 융단에 앉는다. 이러한 의식 후에 샤먼 후보자는 비로소 스스로 샤먼화(shamanize)할 수 있고, 예언을 하며, 병자를 고칠 수 있다. 그러나 그가 정화 의식을 치른 지 3년이 넘을 때까지는 북은 사용할 수 없다(Potanin,

목초를 불 속에 던진다. 불 위를 지나가는 모든 사람과 물건은 불에 의해서 정화된다고 믿는다. 사람들은 다음과 같은 순서로 유르타를 떠난다. 맨 처음에 아버지 샤먼이, 그리고 샤먼 후보자가 떠나며, 다음으로 아홉 명의 아들들이, 마지막에 모든 친척과 손님들이 떠난다.

의식은 향연과 희생 제의로서 끝맺게 된다.[1)]

투루칸(Turukhan) 지방의 사모예드족(Samoyed)과 오스챡족(Ostyak)에서, 미래의 샤먼(future shaman)은 그의 신경을 자극하고 상상력을 일깨우는데 젊은 시절을 소비한다.[2)] 트레티아코프Tretyakoff에 의하면,[3)] 샤먼 후보자는 정화 의식에서 그의 얼굴을 서쪽으로 향한 채 서 있어야만 하는데, 이때 의식을 주관하는 샤먼은 검은 정령(dark spirit)에게 샤먼 후보자를 도와주시고, 또 그에게 봉사할 정령을 보내달라고 요청한다고 한다. 의식이 끝날 무렵에, 샤먼은 검은 정령을 찬미하는 노래를 부르며, 샤먼 후보자는 그를 따라서 부른다. 정령은 샤먼 후보자를 시험하기 위해서 그의 부인이나 아들을 희생물로 바치라고 요구하며, 또한 여러 다른 희생물도 바칠 것을 약속하게 한다.

카스트렌Castren[4)]과 이스라빈Islavin[5)]은 늙은 샤먼에 의한 샤먼 후보자의 특수 교육에 관하여 이야기 한다. 사모예드족의 한 샤먼은 카스트렌에게 자기는 오랜 샤머니즘 전통을 지닌 집안의 출신으로 15세 되던 해에 한 늙은 샤먼에게 맡겨져 여러 가지 훈련을 받았다고 말하였다. 교육 방식은 다음과 같았다: 두 명의 타디베이(tadibey)*가 샤먼 후보자의 눈을 손수건으로 가리고

Sketches of NorthWestern Mongolia, Vol. iv, pp.58-59). 아가피토프와 캉갈로프에 따르면(앞의 책, p.141.), 위에서 상술한 내용은 발라간스크(Balagansk) 지방 부리야트족의 특유한 관습이라고 한다.

1) 같은 책

2) Bielayewski, 앞의 책, p.113.

3) Tretyakoff, *The Country of Turukhansk*, pp.210-212.

4) Castren, *Nordische Reisen und Forschungen*, p.191.

5) Islavin, *The Samoyed, their Home and Social Life*, p.109.

* 사모예드족의 샤먼 호칭

때리기 시작했다. 한 명은 뒤통수를, 또 한 명은 어깨를 두들겨서 그의 눈은 매우 밝은 빛으로 눈이 부신 것과 같이 되었다. 그리고 나서 그의 팔과 다리에서 춤추는 악령들을 보았다. 이전에 이미 그는 사모예드족의 정령 세계에 관한 교육을 받았었던 점을 기억해야 한다.[1] 예전에 랩랜드(Lapland)는 샤머니즘의 양성소(school)였다. 그래서 이웃 종족들은 젊은이를 샤먼으로 기르기 위해서 그곳에 보냈다.[2] 지금은 러시아의 랩족에서만 노이다(noyda)*를 볼 수 있을 뿐인데, 그들도 그나마 그들의 선조에 비하면 타락한 샤먼에 불과하다.

---

1) Castren, 앞의 책, p.191.

2) Schefferus, *Lapponia*, p.120. N. Kharuzin, *The Noyda among the Ancient and the modern Lapps.*

* 랩족의 샤먼 호칭

Ⅲ. 샤먼의 유형

A. 고시베리아족

본 장에서는 샤먼의 여러 직분들을 열거하여 설명함으로써 샤먼의 유형들에 대해 알아보고자 한다. 문화가 다소 발달된 종족의 샤먼은 한두 가지 직분에 정통해 있는 반면에, 미개 종족들은 한 샤먼이 여러 직분을 수행하게 되는데, 이것은 아마도 그러한 여러 직분들이 아주 복잡한 것이 아니기 때문에 가능한 것 같다. 샤먼의 직분에 관한 중요한 개념은 부리야트족 샤먼에 대한 반자로프의 훌륭한 서술에서 찾아볼 수 있는데, 샤먼의 직분은 (a) 사제(priest), (b) 주술적 의사(medicine-man), (c) 예언자(prophet)로 나누어 볼 수 있다고 한다.

(a) 사제로서의 샤먼은 신들의 뜻을 헤아려서, 사람들에게 어떤 희생 제의와 의례를 거행할 것인지 알려 준다. 곧 그는 의례를 거행하고 기도를 드리는 데 매우 익숙하다. 그는 마을의 공동 의례를 주관하는 외에도 여러 개인 의례도 맡아 본다.[1]

(b) 주술적 의사로서, 그는 병자로부터 악령을 쫓아내기 위하여 어떤 특정

---

1) Banzaroff, *Black Faith*, 1893, pp.107–115.

한 의례를 거행한다.

(c) 예언자로서, 그는 양의 어깨뼈나 화살로 장래의 일을 예언한다.

이러한 샤먼의 전형적 유형은 반자로프 당시에도 아마 잘 나타나지 않았던 것 같다. 왜냐하면 반자로프 자신도 '샤먼이 마을 공동의 희생 제의에 전혀 참석하지 않는다'고 말하고 있기 때문이다.[1] 이 점은 개인의 희생 제의에 있어서도 마찬가지이다. 곧 집주인이 손수 온곤(Ongon)*들을 공양하며, 또한 어린아이가 출생할 경우에는 샤먼의 도움 없이 희생 제의가 열린다.[2] 마을 공동 의례나 가정의례가 가끔은 마을이나 가정의 대표자에 의해 각기 주관되었고, 또한 개인이 사사롭게 점을 쳤다 하더라도, 이러한 사실들이 모든 의례를 주관했었던 부리야트 샤먼이 원래 가지고 있는 성격을 부정하는 것은 아니다.[3] 칭기즈 칸 시대의 몽골에서 이들 샤먼은 최고의 권세를 누렸다.[4] 그러므로 우리는 '샤먼의 모든 종교 행위 중에서, 곧 샤먼의 소명에서 가장 특징적인 것은 소위 캄라니(kamlanie)**이다'[5]라고 하는 미하일로프스키의 견해에 동의할 수 없다. 샤먼의 직능이 쇠퇴된 지금에 와서, 샤먼이 단순한 주술적 의사에 불과하고, 또한 어떤 곳에서는 샤먼이 마을 공동 의례나 가정의례에 모두 참석하거나 아니면 참석하지 않는 경우라 하더라도, 우리는 그러한 의례에 원래 샤먼이 참여하였다는 흔적을 찾을 수 있다.

코리약족(The Koryak) 코리약족의 샤먼은 고아시아족과 대부분의 신시베리아족의 경우와 마찬가지로 ① 가족적 샤먼과, ② 직업적 샤먼으로 나눌 수 있다.[6] 가족적 샤머니즘은 가정의 아궁이와 관계가 있는데, 코리약족은 가

---

1) 같은 책.

* 흑정령 또는 백정령을 나타내는 부리야트족의 숭배 대상

2) Klementz, E.R.E., *The Buryats*, p.13.

3) 같은 책.

4) Mikhailowski, *Shamanism*, p.58.

** 정령에 대한 주문呪文이란 뜻

5) 같은 책, p.55.

6) Jochelson, *The Koryak*, p.47.

족의 안녕은 아궁이가 보살피는 것이라고 믿는다. 가족적 샤먼은 가족 잔치의 의식, 각종 의례, 희생 제의, 부적과 주문에 관한 일을 맡아본다.

직업적 샤먼이란 어느 특정한 사람들에게만 국한하여 종사하지 않는 샤먼을 일컫는다. 그의 능력이 대단할수록 그들이 활동할 수 있는 영역은 그만큼 넓어진다.

요헬슨은 '직업적 샤머니즘이 가족적 샤머니즘의 의례로부터 발달해 온 것'이라고 한다.[1] 그러나 가족적 샤먼과 직업적 샤먼 사이의 과도기적 부류로서, ③ 공동체 샤먼(commune shaman)이라는 또 다른 구분을 설정할 수 있을 것 같다. 이들 공동체 샤먼은 중요한 의례에 참석하는 여러 가정들의 사람들과 관계해야만 한다. 이러한 세 번째 샤먼의 존재를 우리가 인정한다고 해서 반드시 직업적 샤먼이 가족적 샤먼이나 공동체 샤먼으로부터 발달한 것이라는 사실에 무조건 동의하는 것은 아니다.

직업적 샤먼이 기독교에 처음으로 영향 받은 것은 코리약족에서였다.

축치족(Chukchee) 우리는 위에서 샤먼을 가족적 샤먼과 직업적 샤먼으로 나누어 보았지만, 여기서는 다소 보충할 필요가 있다. 축치족의 경우 직업적 샤먼을 다시 (A) 엑스터시 샤먼(Ecstatic shamans), (B) 예언자 샤먼(Shaman-prophets), (C) 주문 외는 샤먼(Incantation shamans)의 세 가지 유형으로 나눌 수 있다.[2]

물론 이들 세 가지 유형의 샤먼 사이에는 그 직책이 서로 혼합되어 있지만, 각기의 샤먼은 또한 나름대로의 어떤 전문화가 — 예컨대 엑스터시에 특별히 능하다든지, 아니면 예언이나 주문에 대단한 능력을 보인다든지 — 이루어지고 있다.

A. 엑스터시 샤먼은 특히 정령들과의 영교靈交들에 능숙한데, 그는 칼랏코

1) 같은 책.

2) Bogoras, *The Chukchee*, pp.430-431.

우르긴(kalatkourgin)이라고 불린다.

'그는 분명히 청중들도 인정할 수 있는 정령들과 영적인 교류를 한다. 즉, 샤먼이라는 매개체를 통하여 말하는 정령의 목소리, 소위 복화술(ventriloquistic performances)은 샤머니즘에서 멋진 구경거리이며, 샤머니즘적 강신술(shamanistic séances)에서 가장 중요한 내용을 구성한다. 이러한 복화술은 가끔 일종의 단순한 사기술이라고 생각된다. 복화술과 같은 기술은 늙은 샤먼보다 젊은 샤먼이 훨씬 잘 해낼 수 있다고 믿어지며, 어떤 샤먼은 나이가 들어감에 따라서 그러한 기술들을 포기하기도 한다.[1]

B. 예언자 샤먼은 미래를 내다보는 사람인데, 헤톨라티르긴(hetolatirgin)이라고 불린다.

'이들 샤먼은 축치족 샤먼 중에서 가장 존경의 대상이 되는데, 그 이유는 이들 샤먼이 각 사람들에게 닥쳐올 위험을 예견할 수 있고, 또한 그들 앞에 찾아올 행운도 예견할 수 있는 능력을 갖고 있어서, 사람들에게 어떻게 하면 액운을 막을 수 있는지 혹은 행운을 잡을 수 있는지를 일러주기 때문이다. 샤먼이 일러주는 대개의 처방은 의례와 그에 따른 부수적 세부 사항에 관한 것들인데, 바람직한 결과를 얻기 위해서는 샤먼이 일러준 대로 일을 처리해야 한다.[2]

한편 어떤 샤먼들은 그들이 마음대로 부릴 수 있는 케렛(Kelet)*을 갖고 있음에도 불구하고 어떤 처방도 내릴 수 없다. 한편 어떤 샤먼은 정령들과 영적 교섭은 할 수 없지만, 잠시의 내성內省(self-communion) 후에 내적인 주관적 영감(internal subjective inspiration)으로 주술적인 방도를 일러준다. 이러한 처방이 아무리 간단한 것일지라도, 샤먼 주변의 걱정 많은 사람들은 이러한 처방을 매우 좋아한다.'[3]

---

1) Bogoras, The Chukchee, p.430.

2) 같은 책, p.431.

* 축치족의 악령 또는 샤먼의 보조령

3) 같은 책.

예를 들어, 샤먼 갈무르긴Galmurgin을 축치족 사람들은 '몸뚱이만 가지고 있는 사람'이라고 부르는데, 이것은 그를 도와줄 어떤 정령도 없기 때문이다.

'강신술(séance)을 행할 때, 그는 북을 치고 노래를 함으로써 시작한다. 그러나 잠시 후 이것들을 멈추고, 한참 동안이나 히스테리 상태로 숨을 들이쉬고는 이윽고 예언을 하기 시작한다. 그는 참석한 사람들을 하나씩 차례로 상대하며 이야기를 한다. 이렇게 차례로 이야기를 하는 중에 어떤 경우에 이르면, 그는 마치 마음을 진정시키는 듯이 잠시 멈추고는 몇 번의 깊은 숨을 들이쉬고 이윽고 다음 사람으로 넘어가곤 한다.'[1)]

C. 주문을 외우는 샤먼(에브간바-티르긴, ewganva-tirgin, '주문을 짓는다'라는 뜻)은 훨씬 복잡한 의례를 거행한다.

마술(spell)과 함께 주문(incantation)은 축치족 주술(magic)의 큰 부분을 차지한다. 주문은 유익한 것과 해로운 성격의 것도 있다. 그래서 주문 외는 샤먼은 다시 두 부류로 나눈다.

1. '착한 마음을 가진' 샤먼(ten-cimnulin). 그는 고통 받는 사람들을 위해 열심히 샤먼의 일을 한다.

2. 해로운 샤먼(kurg-enenilit 혹은 kunich-enenilit으로 불리는데, 이 말은 '사기꾼 샤먼'이라는 뜻이다). 그는 항상 사람들을 해칠 궁리에 정신이 없다.

선한 샤먼은 붉은 샤먼 코트를 입으며, 악한 샤먼은 검정 샤먼 코트를 입는다. 유카기르족 샤먼도 이러한 색깔의 샤먼 복장을 입는다.

그러나 대부분의 샤먼은 이러한 여러 범주에 속하는 샤먼의 직분을 자기의 전문 분야가 아니더라도 행하며, 또한 정령의 이름을 빌려 여러 기교를 행하며, 예언을 하고 주문도 외는 것이다.

B. 신시베리아족

1) 앞의 책, p.431.

야쿠트족(Yakut) 그동안 많은 여행자들이 시베리아에는 한 종류의 샤먼밖에 없는 것같이 말하였지만, 트로쉬챤스키에 의하면,[1] 시베리아의 샤먼을 백샤먼, 흑샤먼으로 나누는 것이 가장 본질적인 구분이라고 한다. 그러나 트로쉬챤스키의 이와 같은 견해는 고시베리아족과 신시베리아족 사이에 나타나는 종교적 관념의 차이를 간과한 것이 아닌가 하는 생각이 든다. 그들은 서로가 다른 환경 조건 속에서 살고 있다. 또한 이외에도 신시베리아족은 아시아 고등 종교들과 접촉을 통하여 의심할 바 없이 어느 정도 영향 받아 왔다.

(백·흑 샤먼의 구분이라는) 주술 종교적 이원론(magico-religious dualism)이 더욱 뚜렷하게 나타나는 것은 신시베리아족이다. 그러나 한편 신시베리아족, 자체 내에서도 각 종족은 서로 차이점을 나타낸다. 야쿠트족의 경우,[2] 백샤먼은 거의 없는 반면에 흑샤먼은 매우 우세하다. 보티악족(Votyak)에서는 광명의 신(the bright god)에 대한 의례가 거의 완전히 흑샤먼을 몰아내었기 때문에, 오늘날 볼 수 있는 샤먼은 백샤먼뿐이다.

야쿠트족의 백샤먼은 아이-오이우나(aïy-oïuna)라고 불린다. 그들은 봄 축제, 결혼식, 풍요 의례 그리고 아직도 굿(Kut, 야쿠트족에 있어서 동물과 인간에 공통된 영혼)이 환자로부터 떠나지 않은 경우의 병자 치유에 관여한다.[3]

다음과 같은 이야기가 전한다. 어떤 결혼식에 아홉 명의 아이-오이우나(남성 백샤먼)와 여덟 명의 아이-우다가나(aïy-udagana, 여성 백샤먼)가 참석했다.[4] 백샤먼들은 여성이 불임일 경우, 그 여성이 임신할 수 있도록 마간 실기라크(maghan sylgylakh)에게 지상에 내려오라고 간청한다. 예전에는 가을의 어로(fishing) 때에 백샤먼들이 벼락 맞은 나무로 만든 횃불을 가지고, 매우 더러운 물을 깨끗이 정화하고, 호수의 소유주 이크치(ichchi, spirit-owner)에

1) Troshchanski, *The Evolution of Black Faith*, 1902, p.iii.
2) 앞의 책, p.110.
3) 앞의 책, p.149.
4) Khudiakoff, *Verkhoyansk Anthology*, p.88.

게 자비를 빌었다. 트로쉬챤스키는 이 의례가 낮에 거행되었다는 사실만을 가지고 분명히 백샤먼이 주관했을 것이라고 생각했다.[1] 그러나 같은 책 p.105에서 트로쉬챤스키는 서술하기를 '봄 축제만을 아이-이시야크(aïy-ysyakh)라 불렀으며, 가을 축제는 아바시-이시야크(abassy-ysyakh)로 알려져 있다'라고 하였다.* 그러므로 호수의 풍요 의례는 이 의례가 낮에 거행된다 하더라도 흑샤먼 아바시-오이우나(abassy-oïuna)가 주관하는 것임에 틀림없다.

고로호프Gorokhoff는 두 종류 샤먼의 성격에 대하여 언급하고 있는데, 그가 개인적으로 알고 있는 몇 명의 백샤먼은 대체로 조용하며, 섬세하고, 정직하고 좋은 사람들이었다는 것이다. 그러나 흑샤먼은 좋은 점이라고는 하나도 없는 사람들이었다고 한다.[2] 한편 트로쉬챤스키에 의하면, 야쿠트족의 흑샤먼은 샤먼 직분의 구분상 그렇게 구별되는 것이지, 그의 몸가짐이 특히 악해서 그런 것은 아니라고 한다. 또한 흑샤먼도 백샤먼 못지않게 사람들을 돕는다고 한다. 그가 악령들과 관계한다고 해서 특히 사악할 필요는 없다. 야쿠트족의 흑샤먼은 신시베리아족 중에서는 높은 지위를 차지한다.

흑샤먼은 그들의 권위를 지속시키기 위해서, 악령 아바실라르에게 희생 제의를 바치며 샤먼 의례를 거행한다. 그들은 미래의 일을 예언하며 정령을 부르며 정령의 세계 속에서 방랑하고는 그 여행담을 이야기하기도 한다.[3]

현재 야쿠트족 중에는 전문적인 이야기꾼과 전문적인 요술사(앞타-키시, aptah-kisi)가 있다.

시에로스제프스키는 샤먼이 받는 존경의 정도에 따라서 야쿠트족 샤먼을 다음과 같이 분류한다.[4]

---

1) Troshchanski, 같은 책.

* 아이는 야쿠트족의 백정령 또는 선한 정령, 아바시는 흑정령 또는 악한 정령이다. 그리고 봄 축제는 백정령에게 올려지며, 가을 축제는 흑정령에게 밤에 올려진다. 이때 남녀 각각 아홉 명씩의 샤먼이 종사한다

2) Gorokhoff, *Yurung-Uolan*, E. S. S. I. R. G. S., 1887, p.56.

3) Troshchanski, 앞의 책, p.152.

4) Sieroszewski, 앞의 책, p.628.

(1) 대샤먼: 울라한-오이운(ulahan-oïun)

(2) 중샤먼: 오르토-오이운(orto-oïun)

(3) 소샤먼: 케니키-오이운(kenniki-oïun)

대샤먼은 울루-토이엔Ulu-Toïen으로부터 직접 에뫼그얏을 받는다.

중샤먼도 에뫼그얏을 소유하지만, 그것은 능력이나 크기가 대샤먼에 비하여 열등하다.

소샤먼은 에뫼그얏을 소유하지 않는다. 그는 실제로 진정한 샤먼이라고 볼 수 없다. 다만 그는 비정상적이며 신경질적인 이상한 사람으로, 간단한 질병을 고치고 꿈 해몽을 하며 작은 악령들을 위협해서 쫓아낼 수 있을 뿐이다.

샤먼을 백·흑 샤먼으로 구분하는 것과 관련해서, 트로쉬챤스키는 이들 두 종류의 샤먼이 각기 개별적으로 기원하여 발달했다는 가설을 제시한다.

'우리는 백샤먼의 계층이 먼저 출현하였고, 또한 그들은 가정이나 씨족들의 장長에서, 곧 가장들이나 씨족장들의 계층 속에서 유래하였다고 생각할 수 있다. 공동 의례나 희생 제의 때에 한 사람의 주관자(샤먼)를 선정하는 관습은 백샤먼이 각 가정의 가장들 계층에서 진화하였다는 우리의 가설을 방증해 주는 것인지도 모른다. 공동체 집단 중에서 가장 현명하고 존경 받는 어떤 성원이 아마도 의례의 주관자로 뽑히는 좋은 기회를 얻을 수 있었을 것이며, 그래서 그는 사람들뿐 아니라 정령들도 기쁘게 할 수 있었을 것이다.'[1)]

그 후 이와 같은 동일 인물들이 거듭 선출되었을 것이고 마침내는 백샤먼의 계층이 공동 의례와 희생 제의의 주관을 위해 형성되었을 것이다. 그러는 동안 집안의 가장은 오늘날 우리가 야쿠트족과 같은 특정 종족에서 보듯이, 직업적 샤먼이 가장의 종교적 직분을 대신할 때까지는, 각 가정에서 사제의 권한을 여전히 유지할 수 있었다.[2)]

우리는 왜 백샤먼의 원형(prototype)을 가장에게 두는가? 트로쉬챤스키의

---

1) Troshchanski, 앞의 책, p.120.

2) 같은책, p.124.

저서에서 이 문제에 관한 가장 만족할 만한 답변은 다음의 지적에 불과하다:

'가장이나 선출된 사제가 그들의 의례와 기도에서, 야쿠트족이 아바실라르라고 부르는 악령들에게 기도하지 않는다고 말하는 것이 옳다고 생각하며 따라서 이 점에서 우리는 백샤먼의 기원을 찾을 수 있다.'[1]

만일 우리가 트로쉬챤스키의 견해를 그대로 따른다면, 부리야트족과 야쿠트족과 같은 신시베리아족의 경우에는 집안의 가장이 백샤먼의 직능을 대신하고 있음을 우리가 보았음에도 불구하고 백샤먼은 하나의 뚜렷한 계층을 형성한다고 결론지어야만 한다:

'태일간(Tailgan)은 모든 가족이나 씨족이 참여하는 공동의 희생 제의(communal sacrifice)이다. 이 의례는 겸손한 태도 속에서 치르도록 되어 있다: 부리야트족은 그 의례를 "간청하는 의례"(asking ceremony)라고 부른다. 태일간 의례의 주관은 샤먼이 하거나 아니면 샤먼의 도움이 없이 전체 가장 모임(the whole group of family heads)에서 하게 된다.'[2]

고시베리아족에게는 백샤먼 계층이 없다. 그리고 가정의례는 어머니의 도움을 받아 아버지에 의해 진행되며, 직업적 샤먼의 참여는 때때로 금지된다. 길랴크족(Gilyak)의 경우에는 곰 의례와 같은 희생 제의 때에도 샤먼이 의례를 돕는 것이 금지되어 있다. 이 사실은 이들 종족에 백샤먼이 없기 때문에 비롯된 것일까? 아니면 이 사실은 결국 가족적 샤머니즘과 직업적 샤머니즘이 별개로 발달해 왔다는 점을 시사해 주는 것일까?

트로쉬챤스키가 그의 가설을 세우는 데 도움이 되었던 어떤 자료 제보자의 관찰에 따르면, 야쿠트족은 가장이 여성일 경우에 백샤먼은 여성이 되기도 한다는 것이다.[3]

---

1) 앞의 책, p.113.

2) Agapitoff and Khangaloff, *Materials for the Study of Shamanism in Siberia*, E. S. S. I. R. G. S., p.36.

3) 가부장제(patriarchal)의 야쿠트족 가정에서 어떻게 이런 일이 일어날 수 있을까? 트로쉬챤스키는 다음과 같이 설명한다: '일부다처제의 야쿠트 가정에서 각 부인은 그녀의 어린아이와 친척 그리고 가축 떼를 데리고 따로 떨어져 살아간다. 따라서 남편과 같이 지내지 않는 경우가 많은데 이

트로쉬챤스키에 의하면, 흑샤먼은 원래 여성이었다고 한다. 그는 다음의 언어학적·사회학적 특징에 주목하였는데, 그것은 그의 가설을 지지하는 증거로 매우 유력하였다.

샤먼이란 단어의 가장 본질적인 의미는 무엇일까? 산스크리트어의 sram은 '피곤해지다, 지쳐버리다'라는 뜻이며, Sramana는 일(work) 또는 탁발승(religious mendicant)이라는 뜻을 지닌 말이다. 팔리(Pali)어의 samana라는 낱말도 동일한 뜻을 가지고 있다. 그런데 이 중에서 sramana, samana라는 말은 불교도들이 그들 사제를 지칭하는 말로도 사용해 왔다.[1] 그러나 반자로프에 의하면, shaman이란 말은 북아시아에서 기원했다고 한다. 즉, saman은 만주어인데 '흥분하는, 감동하는, 마음을 일으키는 사람'이란 뜻이다. 또 퉁구스어의 Samman(shaman으로 발음한다)과 hamman도 같은 뜻을 갖는다. samdambi는 만주어인데, 그 뜻은 '내가 샤먼화(shamanize)한다, 즉 부적(charm) 앞에서 춤추면서 정령을 부른다'[2]는 뜻이다.

이상에서 본 바와 같이 샤먼의 본질적 특성은 신경성의 엑스터시(ecstacy)와 트랜스(trances)에 있는 것 같다. 여성은 남성보다 감정적으로 흥분을 더욱 잘 일으킨다. 야쿠트족의 많은 여성은 메네릭(menerik; 소위 극북 히스테리의 한 유형으로 일종의 신경질환이다)을 앓는다.[3]

이상이 흑샤먼은 여성이었다라는 사실을 증명하기 위한 트로쉬챤스키의 설명이다. 그러나 그가 이러한 설명으로부터 얻어낼 수 있었던 유일한 결론은, 만일 어떠한 결론이 있었다면, 여성이 선천적으로 남성보다는 샤먼화하기 쉽다는 사실뿐이다. 그리고 왜 이러한 사실이 원래 흑샤먼이 여성이었다는 것을 의미할 수 있는가? 그는 단지 여성을 흑샤먼과 관련시키는데, 이러한

때는 그 여자가 실제로 가장 역할을 해야 하며, 가정의례도 주관하게 된다. 결국 여러 개의 예-우사(ye-usa, 가모장제의 가정)가 하나의 아구-우사(agu-usa, 가부장제의 가정)를 형성한다'(p.116).

1) 나는 이 정보에 관해 옥스퍼드 대학의 타밀(Tamil)어와 테루구(Telugu)어 강사인 Mr. M. de Z. Wickremasinghe에게 감사드리는 바이다.

2) Zakharoff, *Complete Manchu-Russian Dictionary*, 1875, p.568.

3) Troshchanski, 앞의 책, p.119.

자료를 단편적으로 인용했을 뿐이며, 더구나 이들 자료는 트로쉬챤스키의 가설 배경이 되는 야쿠트족의 사례가 아니라, 캄차달족의 생활에서 취하였다. 가장 원시적인 종족인 캄차달족에는 단지 여성 (또는 Koekchuch) 샤먼만이 있는데, 이들이 악령을 부르는 흑샤머니즘을 수행한다.[1)]

언어학적 증거는 다음과 같다:

몽골족, 부리야트족, 야쿠트족, 알타이족, 토르고우트족(Torgout), 키단족(Kidan), 키르기스족(Kirgis)들은 여성 샤먼을 지칭하는 호칭에 다소의 차이는 있지만, 대체로 하나의 공통된 용어를 사용하는 것 같다. 즉, utagan, udagan, udaghan, ubakhan, utygan, utiugun, iduan(duana)이라고 부른다. 반면에 남성 샤먼의 호칭은 종족마다 제각기 다르다.

예컨대 야쿠트족은 oiun, 몽골족은 buge, 부리야트족은 buge 또는 bö, 퉁구스족은 samman과 hamman, 타타르족은 kam, 알타이족은 kam과 gam, 키르기스족은 baksa(basky), 사모예드족은 tadibey라고 부른다.

이상에서 트로쉬챤스키는 신시베리아족이 이동하고 있는 동안에는 동일한 호칭으로 불렀던 여성 샤먼만이 있었는데, 이들이 제각기 흩어져서 서로 멀리 떨어진 지역에 정착하자 남성 샤먼이 나타났고, 그렇기 때문에 남성 샤먼의 호칭이 종족마다 다르게 되었다는 결론에 도달하였다.[2)]

물론 이러한 언어학적 증거는 다만 신시베리아족과 관계된 것이지, 고시베리아족과는 관계없다.

트로쉬챤스키는 계속해서 여성 '흑'샤먼으로부터 남성 '흑'샤먼이 진화하였다는 그의 가설을 증명하기 위해서 분명히 야쿠트족에서 얻은 종교·사회적 증거를 다음과 같이 제시한다:

(a) 야쿠트 샤먼 의상의 에이프런(apron)에는 젖가슴을 나타내는 두 개의 원형 철판이 달려 있다.[3)]

1) Krasheninnikoff, *Description of the Country of Kamchatka*, pp.81-82,
2) Troshchanski, 앞의 책, p.118.
3) Krasheninnikoff, 앞의 책, pp.81-82.

(b) 남성 샤먼도 머리 모양은 여성과 같이 두 가닥으로 땋아 내렸는데, 의례 시에는 머리카락을 풀어 내린다.[1]

(c) 여성과 샤먼은 모두 유르타 안에서 말가죽의 오른편에 눕는 것이 금지되어 있다.[2]

(d) 남성 샤먼은 매우 중요한 의례 시에만 샤먼 의상을 입으며, 보통 의례의 경우에는 망아지 가죽으로 만든 소녀의 옷을 입는다.[3]

(e) 여성이 해산한 후 삼일 동안은 삼신(the deity of fecundity)인 아이시트 Ayisit가 산모 곁에 있게 되는데, 이때 산실에 남자의 접근은 금지되지만, 샤먼은 무방하다.[4]

어떻게 여성 흑샤먼이 남성 흑샤먼으로 대체될 수 있었을까? 트로쉬챤스키는 역시 야쿠트족의 사례를 들어 다음과 같이 설명한다:

여성 샤먼의 의상에 부착되는 장식물을 만들었던 대장장이는 어떤 샤먼적 능력을 얻게 되었다. 대장장이는 주술적으로 중요한 철을 취급하게 되었고, 이러한 철과의 접촉에서 샤먼적인 능력이 생긴 것이다(대장장이도 샤먼과 마찬가지로 흑대장장이와 백대장장이가 있다. 그러나 야쿠트족은 흑대장장이가 백대장장이보다 많다고 한다). 샤먼과 대장장이의 소명 사이에는 밀접한 유사성이 있는데, 특히 대장장이의 소명이 동일 가계의 여러 세대를 통하여 전수되는 점이 그렇다. 대장장이는 샤먼의 큰 형님으로 간주하게 되었고, 대장장이와 샤먼의 차이점은 대장장이가 샤먼이 됨으로써 마침내 사라지게 되었다.

그런데 여성은 대장장이가 될 수 없었기 때문에, 여성 샤먼은 결국에는 남성에게 그녀의 지위를 넘겨주어야만 했다는 것이다.

주술적인 대장장이(magical smiths)가 존재하지 않는 오늘날에는 새로운

---

1) 같은 책.
2) Troshchanski, 앞의 책, p.123.
3) 같은 책.
4) 같은 책.

샤먼적인 의상은 만들어질 수 없다.[1)]

그러나 여성이 첫 번째 흑샤먼이었다는 가설은 어떤 증거를 통해서도 확증되는 것은 아니다. 위에서 보여준 언어학적 증거를 포함한 인용문에서 볼 때, 여성 샤먼이 남성 샤먼보다 시간적으로 앞설 가능성은 있지만, 여성이 첫 번째 흑샤먼이었다는 점은 수긍하기 어렵다. 흑샤먼과 백샤먼이 각각 별개로서 기원하고 발달하였다는 이론을 지지하기에는 트로쉬챤스키의 방증 자료는 충분하지 못하다.

한편, 트로쉬챤스키가 흑샤먼과 관련하여 생각한 진화는 만일 우리가 가족적 샤머니즘에서 직업적 샤머니즘이 유래하였다는 요헬슨과 보고라스의 견해를 받아들이지 않는다면, 오히려 직업적 샤머니즘으로부터의 진화일 가능성이 있다.

알타이족(Altaians) 비어빅키Wierbicki에 의하면,[2)] 알타이족에는 캄(kam)이라 부르는 샤먼 외에도 다음과 같은 종교 직능자도 있다.

---

1) Troshchanski, 앞의 책, p.125. 여기에서 시에로스제프스키가 대장장이의 소명에 관해 말한 것을 인용하는 것은 매우 흥미로울 것이다: '그들의 직책상 샤먼과 가장 비슷하며, 또 부분적이나 샤먼과 관계하고 있는 사람은 대장장이이다. 코리마(Kolyma) 지구의 한 속담에는 "대장장이와 샤먼은 한 둥지 안에 있다"는 말이 있다. 대장장이 또한 병자를 고치며, 어떤 일에 대한 대책을 강구해 줄 수 있으며, 미래의 일을 예언도 해준다. 그러나 그들의 지식에 주술적 성격은 없다. 그들은 많은 것을 알고, 또 특별한 손재주를 갖고 있는 단순히 영리한 사람일 뿐이다. 대장장이라는 직업은 대체로 세습되는데, 특히 북방에서 그렇다. 어떤 (세습적인) 대장장이 집안이 처음으로 초자연적 능력을 얻은 것은 9대조 선조에서부터 비롯된다. 그의 선조가 오래될수록 대장장이의 능력도 뛰어나게 된다. 정령은 일반적으로 쇠테(iron hoops)와 대장장이의 풀무가 내는 바람소리를 무서워 한다. 코리마 지구의 한 샤먼은 내가 가지고 있는 도구 상자를 치울 때까지 샤먼화하지 않았다. 그리고 샤먼 의례가 불행히도 잘 되지 않는 이유를 정령이 대장장이를 (이 경우는 시에로스제프스키를 가리킨다) 두려워하기 때문이라고 설명하며, 그래서 샤먼인 그가 부르는 정령이 나타나지 않는 것이라고 한다. 다만 9대조의 대장장이만이 자신을 다치게 함이 없이 샤먼 의상의 철제 장식물과 북의 철제 테, 그리고 에뫼그얏(ämägyat; 역주: 샤먼의 능력을 부여해 주는 조상의 영혼을 나타낸 형상품)을 만들 수 있다. 만일 샤먼의 장식물을 만드는 대장장이가 충분히 많은 수의 조상을 갖지 않을 때에는, 그리고 또한 망치의 시끄러운 소리와 활활 타오르는 불꽃이 그를 사방에서 에워싸지 못한다면 구부러진 발톱과 부리를 가진 새가 대장장이의 심장을 갈기갈기 찢어 놓고 말 것이다. 존경받는 세습의 대장장이는 정령(ichchilah)이 깃들인 도구들을 갖고 있는데, 그 도구들은 스스로 소리를 낼 수 있다(Sieroszewski, 앞의 책, p.632).

2) *The Natives of the Altai*, pp.44-46.

(1) 린치(rynchi): 고통이 따르는 병환 중에는 미래를 예언할 수 있다.

(2) 텔고치(telgochi): 알아맞히는 사람이다(guesser).

(3) 야린치(yarinchi): 어깨뼈를 가지고 점치는 사람이다.

(4) 콜-쿠레치(koll-kurechi): 손으로 점치는 사람이다.

(5) 야다치(yadachi): 바람이 잦아지지 않는 좁은 산 계곡에서 얻은 야다-타쉬(yada-tash)라는 돌멩이로 날씨를 조절하는 사람이다. 이 돌멩이를 얻기 위해서 야다치는 그의 모든 소유물을 포기해야 한다. 그래서 그는 가난하며 외로운데, 대개는 홀아비인 경우가 많다.

부리야트족(Buryat)　샤스코프Shashkoff[1]는 부리야트족 샤먼을 (a) 세습 샤먼과 (b) 일세대 샤먼(shamans of the first generation)으로 나눈다. 또 다른 구분은 (a) 진정한 샤먼과 (b) 사이비 샤먼으로, 또는 (a) 백샤먼(sagan-bö)과 (b) 흑샤먼(harain-bö)으로 나누기도 한다.

부리야트족에 의하면, 백샤먼과 흑샤먼은 수백 마일 떨어진 데서 서로 도끼를 던지며 싸운다고 한다. 샤먼은 서방의 텐게리(tengeri)와 캇스(khats)*를 섬기며, 출생 의례, 결혼식 등의 의례를 주관한다. 그는 백색의 코트를 입고 백마를 탄다. 발라간스크(Balagansk) 지구의 바르락Barlak이란 사람은 유명한 백샤먼이었는데, 지금도 그의 후손들이 성묘를 다니고 있다.

흑샤먼은 동방의 텐게리와 캇스를 섬긴다. 이들 샤먼은 사람들에게 질병과 죽음을 가져다 줄 수 있다고 한다. 그래서 사람들은 흑샤먼을 싫어하며, 두렵게 생각한다. 이러한 흑샤먼에 대한 혐오가 고조되면 때때로 사람들은 흑샤먼을 살해하는 수도 있다.[2] 흑샤먼의 무덤은 대체로 미루나무로 감추어지며, 그 시체는 미루나무에서 잘라낸 나무토막을 이용해서 땅바닥에 꼼짝 못하게 묶어 버린다.

아가피토프Agapitoff와 캉갈로프Kangaloff에 의하면, 부리야트족에는 또한

1) Shashkoff, *Shamanism in Siberia*, W. S. S. I. R. G. S., p.82.

* 텐게리의 아들.

2) Agapitoff and Khangaloff, 앞의 책, pp.85-86.

선한 정령과 악한 정령 모두를 동시에 섬기는 소수의 샤먼도 있다고 한다.

사모예드족(Samoyed) 레페킨Lepekin[1]은 사모예드족의 샤먼은 부리야트족과 같이 백·흑 샤먼의 명확한 구분은 없다고 한다. 그러나 어떤 일이 있을 경우에는 형편에 따라서 선한 목적이나 악한 목적에도 종사한다고 한다. 랩족(Lapps)도 선·악 샤먼에 대한 뚜렷한 구분은 짓지 않는다. 다만 랩족의 일부에서는 노이다(noyda, shaman)를 대노이다, 소노이다로 나누어 부를 뿐이다.

보티악족(Votyak) 보티악족의 계급 조직(hierarchy)은 백샤먼으로부터 유래한다. 샤먼의 우두머리는 투노(tuno)이다. 그런데 오늘날 투노[2]는 샤머니즘에서 최고위 후원자이다.

투노의 영혼이 창조주로부터 '가르침을 받을' 때, 그는 분명히 백샤먼이다. 투노 이외에도 또한 사제들(priest)이 있는데, 사제가 되는 방법에는 혼자 힘으로 선출되는 것과 그의 권고로 사람들이 선출해 주는 방식의 두 경우가 있다. '대개의 경우 투노의 직책과 지식은 아버지에게서 아들로 전수되는 것인데, 만일 어떤 사람이 투노의 지식을 가졌다 하더라도 그는 투노가 될 수 없다.'[3]

보티악족의 샤먼은 (a) 상임(permanent) 샤먼과 (b) 임시(temporary) 샤먼으로 나뉜다. 임시 샤먼은 어떤 특별한 희생 제의를 주관하기 위해 선출된다. 이외에도 투노가 선정하는 부사제(secondary priests)가 있는데 이들은 퇴레(töre) 또는 파르키스(parchis)라고 불린다.

예전에는 보티악족에서도 흑샤먼을 찾아볼 수 있었으나, 오늘날은 야쿠트족의 백샤먼이 대체로 흑샤먼으로 대체되어 버린 것처럼, 이곳에서도 흑샤먼이 백샤먼한테 물러나가게 되었다.

예전의 보티악족의 흑샤먼은 이제 보통의 요술사로 변해 갔다. 그는 펠라스키스(pellaskis)라고 불리는데, 병자를 도울 수 있고, 주문으로 잃어버린 가

1) Lepekin, *Diary of a Journey*, p.262.

2) Bogayewski, *A Sketch of the Mode of Life of the Votyak of Sarapul*, p.123.

3) 같은 책, p.126.

축을 찾아줄 수도 있다. 그러나 신적인 존재들(the deities)과 어떤 관련도 갖지 않은 채, 그러한 모든 일을 한다.[1] 또 다른 종류의 요술사는 베딘(vedin)으로, 그는 모든 사람이 두려워하고 싫어하는 존재이다.[2]

투노가 창조주 킬친-인마르(Kylchin-Inmar)로부터의 교육을 마치게 되면, 창조주는 투노를 요술사 후보자가 있는 곳으로 데리고 가서 투노를 시험하게 되는데, 만족할 만한 답변을 한 투노에게 창조주는 인간에게 요술을 걸고 죽음을 줄 수 있는 능력을 준다.

1) Bogayewski, 앞의 책, p.125.

2) 앞의 책, p.126.

제4장 샤먼의 의상, 장식, 도구

일상생활에서 샤먼이 때때로 오만한 태도를 보이는 것 외에는 일반 사람들과 샤먼이 뚜렷하게 구별되지 않는다. 그렇지만 샤먼이 정령과 영적인 교섭을 하는 동안에는 특별한 의상과 도구를 사용해야 한다. 이러한 것 중에서 가장 중요하며 일반적으로 자주 사용하는 기구는 북이다. 적어도 시베리아 전역에서는 '샤먼이 있는 곳에 북이 있다'라고 말할 수 있다. 북은 샤먼을 초인간적 세계로 보내줄 수 있으며, 또 그 소리로 정령을 불러낼 수 있는 능력이 있다.

팔라스Pallas나 크라쉐닌니코프와 같은 18세기의 학자들은 이러한 샤먼의 장식과 도구에 커다란 관심을 가졌다. 그들은 아마도 단순히 샤먼의 의상 장식이나 도구가 갖는 아름다운 측면에만 매력을 느꼈을 것이다. 그러나 샤먼의 소유물들에서 보이는 상징적 표현 형태를 통해서 원시 심성을 추구하려는 오늘의 관점에서 볼 때 18세기 학자들의 서술은 매우 가치 있다.

샤스코프shashkoff는[1] 시베리아 샤먼의 의상에 필요한 것으로 코트, 가면, 모자 그리고 가슴에 다는 구리판 또는 철판을 꼽는다. 사모예드족의 타디베이는 가면 대신에 눈가리개 손수건을 사용함으로써, 내적인 시력을 가지고 정령의 세계에 깊이 뚫고 들어갈 수 있다. 비어비키도 손수건의 사용에 대하

---

1) *Shamanism in Siberia*, p.86.

여 언급하였는데, 그에 의하면 북방 알타이족의 샤먼은 머리카락이 눈 위로 내려오지 않게 하려고 이마에 손수건을 묶는다고 한다.

이러한 샤먼의 부속물들(accessories) — 코트, 가면, 모자 그리고 철판은 다만 신시베리아족에서만 사용되고, 고시베리아족 샤먼의 의상은 그렇게 번거롭지 않다.

이외에도 각 종족은 샤먼 의례에 중요하게 쓰이는 특별한 물건을 가진다.

퉁구스 샤먼의 옷차림에 대하여 서술한 그멜린Gmelin에 따르면,[1] 일상적인 샤먼의 복장 외에도 철제 장식물로 꾸며진 앞치마도 사용된다고 한다. 그 밖에 주목할 만한 것으로는 역시 철제 장식물로 꾸며지고 가죽으로 만든 샤먼의 스타킹을 들 수 있다. 길략크족과 올치족(Olchi)의 샤먼이 사용하는 허리띠는 매우 중요한 의미를 지니고 있으며,[2] 부리야트족 샤먼의 '말 모양 장대'도 중요하다.[3] 한편 철제와 동제품은 특히 신시베리아족 샤먼과 관계가 있는 것 같다.

미하일로프스키에 의하면,[4] 시베리아 샤먼의 의상과 부속물에는 세 가지 의미가 내포되어 있다고 한다.

1. 샤먼은 자신의 옷차림새를 괴상하게 함으로써, 사람들에게 깊은 인상을 주려고 한다.

2. 방울의 딸랑거리는 소리와 북의 소음은 사람들의 청각에 깊은 인상을 준다.

3. 샤먼의 의상이나 부속물 등에 보이는 상징적 의미는 특히 샤먼이나 샤먼 교도들에게만 이해될 수 있으며, 그 내용은 샤머니즘의 종교적 관념과 밀접한 관계가 있다.

그러나 이러한 미하일로프스키의 해석은 샤먼의 소유물들과 정령의 세계

---

1) *Reise durch Sibirien*, ii, 193.

2) Schrenk, *The Natives of the Amur Country*, iii, 124~126.

3) Agapitoff and Khangaroff, *Materials for the Study of Shamanism in Siberia*, p.43.

4) *Shamanism*, p.72.

가 맺고 있는 관계가 중요하다는 점을 뚜렷이 밝히지 못하고 있다. 샤먼의 소유물은 대단히 중요하다. 왜냐하면 샤먼이 올바른 의상과 도구를 사용하고 북을 칠 수 있어야만 정령들은 샤먼의 음성을 들을 것이기 때문이다. 또한 소유물들은 초자연적인 존재나 위협적인 힘과 관련되어 있으므로 성스러운 것이다. 이처럼 샤먼의 소유물은 성스러운 것이기 때문에 샤먼 이외의 다른 사람이 사용해서는 안 된다. 그렇지 않으면 그것을 사용한 사람은 앞으로 어떤 일을 당할지 모르는 것이다. 다만 진정한 샤먼(real shaman)만이 완전히 갖추어진 샤먼의 의상을 가질 수 있다.

고시베리아족의 샤먼은 정령의 허락이 있는 경우에 한해서, 모든 샤먼의 부속물을 스스로 제작한다. 알타이족의 모든 샤먼이 마니약(manyak, 샤먼의 코트)과 올빼미 가죽 모자를 쓸 수 있는 것은 아니다.[1)]

야쿠트족의 흑대장장이는 샤먼 의상의 장식물 제작을 담당하는데, 이러한 권리는 선조로부터 전수받았음이 분명하다. '샤먼의 장식물을 만드는 흑대장장이에게 선조들이 많지 않거나, 또 망치질 소리와 불꽃이 사방에서 그를 에워싸지 못한다면, 구부러진 발톱과 부리를 가진 새가 흑대장장이의 심장을 갈기갈기 찢어놓고 말 것이다.'[2)] 이러한 이유로 흑대장장이의 소명은 샤먼 다음으로 중요하다. 그러나 오늘날에는 야쿠트족에 세습적인 흑대장장이가 없기 때문에, 샤먼의 코트를 만들기는 실제로 불가능하다. 그멜린은 퉁구스 샤먼의 의상에 대해서 언급하는 중에, 그가 만났던 샤먼이 어떻게 하여 모자를 쓰지 않게 되었는지를 설명하고 있다. 그 이유는 자기가 쓰던 모자가 불에 타버리고 난 뒤, 정령이 새 모자를 만들어 쓸 것을 허락하지 않았기 때문이라는 것이다.[3)] 그는 부리야트족 샤먼의 대부분이 그들의 정령이 도구 제작을 허락하지 않았기 때문에, 북을 가지고 있지 않음을 보았다. 그래서 그들은 북

---

1) Potanin, *Sketches of North-Western Mongolia*, iv, 53.

2) Sieroszewski, *The Yakut*, p.632.

3) 앞의 책, p.193.

대신에 십자형으로 교차시킨 두 개의 긴 막대기를 의례에 사용했다고 한다.[1)] 미하일로프스키는 위의 사실을 인용하여, 캉갈로프가 부리야트족에서 단지 한 개의 북만을 보았다는 사실을 설명하였다.

미하일로프스키에 의하면, '샤머니즘의 쇠퇴와 더불어 적절한 주술적 관습에 따라서 성스러운 샤먼의 도구를 어떻게 만들어야 하는지를 잘 아는 사람들의 수가 점차 줄어들고 있다'고 한다.[2)] 그러나 이 점은 부리야트족에게서 북이 왜 사라지고 있는가에 대한 올바른 설명은 되지 못한다. 왜냐하면 북을 만들 때와 같이 동일한 주의가 요구되는 '말 모습 장대'와 같은, 부리야트족 샤먼의 중요한 장식물이 전혀 고려되지 않았기 때문이다. '말 모습 장대' 없이 샤먼은 중요한 의례를 거행할 수 없다. '말 모습 장대'는 흔히 자작나무로 만들어 지는데, 한편 철제의 '말 모습 장대'는 다섯 번째의 정화 의례를 거친 샤먼만이 그것을 사용할 수 있다.[3)] 랩족은 그들의 북에 대단한 주의를 기울이며, 그것을 털가죽으로 잘 싸 둔다. 어떠한 여성도 북을 만질 수 없다.

A. 고시베리아족

축치족　고시베리아족에서는 샤먼 의상의 모양과 질에 대한 엄격한 규정은 없다. 다만 의상의 독창성은 중요하게 취급되는 것으로, 보고라스는 축치족 샤먼이 때로는 아메리카의 해안으로부터 가져온 어떤 오래 된 코트를 샤먼 의상으로 채택하는 일이 있다고 한다. '축치족의 샤먼에게는 다른 종족의 샤먼이 흔히 입는 술(fringes)과 형상(images)들이 달린 그러한 샤먼 코트는 없다. 그러한 코트는 대체로 야쿠트족과 퉁구스족에서 사용되며, 또한 이들 종족으로부터 유카기르족(Yukaghir)과 캄차달족은 그것을 차용하였다.'[4)]

---

1) 이것은 아마도 나중 학자들이 소위 '말 모습 장대'(horse-stave)라고 부른 것으로 생각된다.

2) 앞의 책, p.68.

3) Klementz, E. R. E., p.16.

4) *The Chukchee*, pp.457-458.

축치족 샤먼의 의상에 특기할 만한 것이 없다는 점은 다음의 사실과 관계 있을 것 같다. 즉, 축치족 샤먼은 집안의 어두운 내실에서 의례를 거행하는데, 그곳은 매우 숨막힐 듯이 덥기 때문에 그들은 코트를 벗고, 윗몸은 나체로 된 채 의례를 진행한다.

보고라스가 언급한 유일한 샤먼의 의상은 코트와 모자뿐이다. 그는 말하기를, '내가 알고 있는 한 다른 이웃의 종족에서도 여성 샤먼의 외모에는 뚜렷한 특징은 없으며, 또한 남성 샤먼만이 입을 수 있는 특별한 샤먼 의상도 사용하지 않는다'[1]고 언급하고 있다.

이러한 설명이 있은 후, 남성 샤먼의 의상에 여성의 의상과 그 의상 수법을 채용한 어떤 종족에서는 그 의상 습관이 매우 이상해졌다. 샤먼 의상의 특징은 옷소매 조금 윗부분에 둘려진 술과, 옷깃 바로 아래에 목 주위를 두른 술이라고 할 수 있다. 이러한 코트는 아마도 샤먼이나 병자가 사용하였을 것이다. 이러한 술 이외에도, 무두질한 가죽으로 장식된 '길게 찢어진 틈'(slit)이 있는데, 이들 술과 '길게 찢어진 틈'은 흔히 은하수의 굽은 곡선과 지그재그형을 의미한다고 한다.[2]

축치 샤먼은 여러 가지 면에서 퉁구스 샤먼을 모방하는데, 이 점을 염두에 둔다면, 술이나 '길게 찢어진 틈'과 같은 것은 그러한 모방의 또 다른 보기에 불과하다.

보고라스의 저서에 소개되어 있는 샤먼 의상을 보면, 옷 앞에 텟케윤(tetkeyun)이라는 형상이 매달려 있다. 이것은 생명력이란 뜻으로 심장에 살고 있고, 또 그것이 심장 자체인 듯 생각되기도 한다. 텟케윤은 가죽공처럼 만들어지는데, 그 속은 순록의 털로 가득 채워진다. 역시 가죽으로 만든 또 하나의 형상은 샤먼의 보조령인 레켄(rekken)을 나타낸다.[3] 샤먼의 모자도 또한 술로써 장식되는데, 모자의 꼭대기는 장식술(tassel)로써 그리고 왼편은

1) 같은 책, p.458.

2) 같은 책, p.459.

3) 같은 책.

길다란 이중의 장식술로 늘어뜨린다. 장식술은 흰털과 검은 털을 교대로 꼬아서 만든 것인데, 주술적인 목적을 위한 것이다. 꼭대기에 구멍이 나 있는 어떤 모자도 역시 술(fringe)과 장식술이 늘어져 있는데, 이것은 샤먼이 두통을 치료할 때 사용하는 것이다.[1)]

또한 축치 샤먼은 의례 중에 칼이나 조그만 상아 조각과 같은 소도구를 많이 사용하는데, 칼의 손잡이는 여러 주술적인 형상들로 아름답게 꾸며지며, 상아는 동물의 시체를 자를 때 사용하는 것이라고 한다. 샤먼 '흉터있는 여인'Scratching-Woman의 상아에는 세 개의 가죽으로 된 형상이 묶여 있다. 첫 번째 형상은 암흑으로부터 오는 켈레(kele)*를 의미하며, 그는 다리보다 긴 팔을 갖고 있다. 두 번째는 켈레 루메툰(kele lumetun)인데, 그는 팔, 다리가 하나씩만 있으며, 눈 두 개는 위 아래에 각각 하나씩 세로로 달려 있다. 세 번째는 샤먼의 적이 보낸 벌벌 기어다니는 벌레(spell)를 나타낸다. 샤먼은 벌레를 도중에서 가로채서는 굴복시키고, 그의 명령에 따르도록 한다.[2)] 이렇게 펜던트나 장식술 모양으로 된 여러 가지 호부護符(amulets)는 샤먼 자신이 가죽이나 구슬을 이용해서 만들며, 그것을 샤먼의 몸이나 의상에 매단다. 호부에는 또한 '가운데에 장식술이 있는 둥근 가죽 조각'[3)]도 있는데, 이것은 축치족, 코리약족 그리고 아시아 에스키모족 사이에서는 상당히 효험 있는 호부로 간주된다. 그래서 그것들을 코트 또는 가슴이나 어깨에 그리고 몸의 아픈 부분에 매단다. '수호신'의 형상은 중간에 위치하는데, 가끔 여성이나 춤추는 남사 또는 진시의 장식적 형상으로 대치되기도 한다. 샤먼의 상아에 매다는 세 개의 호부나 또는 둥근 가죽 조각은 모두 주술적이며 장식적인 목적을 갖는다.

전 시베리아에 걸쳐서 샤머니즘 의례에 가장 중요한 도구는 북이다. 축치

---

1) 앞의 책, p.460.

* 축치족의 악령 또는 샤먼의 보조령.

2) 앞의 책, p.466.

3) 앞의 책, p.468.

족 샤먼도 물론 북을 사용하는데, 이것은 아시아나 아메리카의 에스키모족이 쓰는 북과 비슷하게 생겼다.

순록 축치족(Reindeer Chukchee)과 해안 축치족(Maritime Chukchee)이 사용하는 북은 다소 남방 형식의 것으로 생각되는 서북아시아 종족 — 야쿠트족, 퉁구스족, 코리약족, 캄차달족, 유카기르족 — 의 북과는 다르다.

남방식 북은 크고 달걀 모양의 타원형으로 생겼는데, 북 안쪽의 테에 단단히 매어져 있는 네 개의 줄로 지탱되고 있다. 이를 줄의 다른 쪽 끝은 북의 가운데에서 만나서는, 조그만 원형 테(wheel)와 십자형 틀에 묶는다. 손으로 북을 잡으면 북은 느슨하게 처져 있게 되어서, 마음대로 흔들고 북의 위치도 바꿀 수 있다. 북채는 나무로 만들고, 그것에 가죽이나 무두질한 가죽을 입힌다.

축치 샤먼의 북에는 나무로 된 둥근 테에 힘줄로 묶은 나무 손잡이가 있다.[1] 모양이 거의 원형으로 생긴 나무 테의 직경은 40~50cm가 된다. 그리고 북의 표면은 해마의 위장을 말린 것과 같은 얇은 가죽으로 되어 있다. 가죽을 팽팽히 하기 위해서, 가죽에 물이나 술로 습기 있게 만들며, 끝부분은 힘줄로 묶는다. 그리고 이 힘줄의 끝은 손잡이에 묶는다. 북의 무게는 매우 가벼워서 230g에서 680g에 달한다. 북채는 사용 목적에 따라 다르다. 길이가 30~40cm가 되는 긴 고래 뼈 조각을 쓰든지 아니면 60~70cm나 되는 나무 막대기를 쓰기도 하는데, 그러한 북채는 가끔 가죽 장식술로 장식하기도 한다. 고래 뼈 북채는 밤 시간에 내실에서 거행하는 주술적 의례에 사용되며, 나무 북채는 낮에 텐트 밖에서 거행하는 의례에 쓰인다.[2]

거주지를 옮길 경우에는 북의 뚜껑 가죽은 벗겨내어 접어 놓는다. 그리고 필요한 때에 북 테에 묶어서 다시 사용한다. 겨울에 가옥에서 살 때는 북을 침실 앞에 놓아두고, 여름에 텐트에서 거주할 경우에는 성스러운 화로(fire-

1) 헨리 밸포어Balfour에 의하면, 나무 손잡이는 에스키모의 영향을 받은 것이라고 한다.

2) Bogoras, *The Chukchee*, pp.356-357.

board) 가까이에 걸어 둔다.

코리약족 요헬슨은 고시베리아족에 속하는 코리약족의 샤먼 의상에 대하여 다음과 같이 말한다. '샤먼은 자신 소유의 북은 갖지 않으며, 어떤 가정에서 샤먼 의례를 행하게 될 때는 다만 그 가정의 북을 이용만 할 뿐이다. 또한 특별한 샤먼 의상도 없는 것 같은데, 내가 목격했던 몇 명의 샤먼들은 모두 평상복을 입고 샤먼 의례를 행하였다.'[1]

요헬슨이 구입한 알루터족(Alutor) 샤먼의 수놓은 윗도리는 고래 의례(whale ceremony) 때에 입는 남성의 무용 상의와 매우 비슷하였는데, 샤먼의 윗도리가 조금 더 정교하게 수놓아졌을 뿐이다. 그리고 코리약족의 북은 샤먼의 것이 아니라 가족의 소유로 되어 있다. 북은 가정에서 악기로서, 또는 성스러운 물건으로서 사용된다. 가족 내에 북 치기를 원하는 사람이 있으면 누구든지 칠 수 있지만, 대개는 북 치기에 능숙한 사람이 따로 있어서 그는 북을 가지고 어떻게 샤먼화할 수 있는가를 알고 있다.

야이yyai라고 부르는 코리약족 샤먼의 북은 달걀 모양의 타원형으로 생겼으며 한쪽 면만 순록 가죽으로 덮여 있는데, 직경이 73cm나 된다. 북채는 두꺼운 고래 뼈로 만드는데, 북채의 끝은 넓어서 여기에는 늑대의 꼬리 가죽으로 덮어 씌운다.

북 안쪽의 테 네 곳에 쐐기풀 섬유를 이중으로 꼰 끈으로 손잡이를 만들기 위해 묶는다. 이 끈은 북의 한 면에만 묶여 있다. 안쪽 테의 꼭대기에는 철제 방울을 단다. 요헬슨에 의하면, 이 방울을 다는 관습은 퉁구스족에게서 영향 받은 것이지만, 코리약족의 모든 북에 방울을 다는 것은 아니다.[2]

킴차달족(일명, 이텔멘족, Itelmen) 특별한 샤먼 의상이나 북은 없다. 일찍이 이곳을 답사했던 스텔러와 크라쉐닌니코프에 따르면, 특히 여성을 비롯한 모든 사람이 샤먼화할 수 있기 때문에, 특별한 샤먼 의상을 필요로 할 만큼

1) *Koryak*, pp.54-55.

2) 같은 책, p.56.

샤먼직은 전문적이지 못하다고 한다.

유카기르족　북은 둘레의 선이 다소 울퉁불퉁한 타원형이다. 그리고 북의 한쪽 면에만 가죽이 부착되어 있다. 북 안쪽 가운데 부근에는 철제 십자형 틀이 있어서 그것이 손잡이로 이용된다. 십자형 틀의 양 끝들을 가죽끈으로 북 테에 묶는데, 또한 여기에 네 개의 철제 방울들을 매단다.[1] 유카기르족과 야쿠트족 샤먼의 북은 여러 면에서 대단히 유사하다. 즉, 철제 방울, 철제 십자형 틀, 일반적인 겉모습 그리고 야쿠트족이 샤먼 정령의 뿔이라고 하는 북 테 바깥에 매다는 조그만 부속물 등을 양 종족의 샤먼 북에서 모두 볼 수 있다. 북채는 순록 다리의 가죽으로 씌운다. 북에 부착하는 여러 가지 철제 장식물은 야쿠트족에게서 영향을 받은 것이기 때문에, 철제 장식이 없는 북은 아마도 유카기르족의 전통적인 북으로 생각된다.

이들 종족은 북을 얄길(yalgil)이라고 부르는데, 호수라는 뜻이다. 즉, 샤먼이 그림자 세계(the shadow-world)로 내려가기 위하여 호수로 뛰어든다는 것이다.[2]

에스키모족　유카기르족 샤먼이 그림자 세계로 가기 위하여 호수에 뛰어드는 것처럼, 에스키모의 샤먼 영혼도 여신 세드나Sedna가 다스리는 지하 세계(the lower world)로 내려간다. 에스키모의 북은 크지 않으나, 그 중 제일 큰 것은 허드슨 만(Hudson Bay) 지역에서 보인다. 북은 대개 좌우 대칭인 타원형과 원형이며, 나무 손잡이가 북 테에 묶여져 있다. J. 머독Murdoch[3]은 이러한 북들이 그린란드에서 시베리아에 분포하여 살고 있는 에스키모가 사용하는 것이라고 한다. 축치족과 마찬가지로 에스키모도 북채를 가지고 북의 아랫부분을 두들긴다. 코리약족 또한 북을 비스듬히 하고 아랫부분을 친다. 그러나 다른 아시아의 종족들은 대개의 경우 북의 가운데 부분을 친다. 에스키모 거주 지역의 남쪽에 살고 있는 인디언들은 테가 넓은 북을 갖는데, 이것은

1) 같은 책.
2) 앞의 책, p.59.
3) A Point Barrow Eskimo, 1887~8, p.385.

춤과 샤먼 의례를 위하여 사용한다.[1)]

길랴크족 샤먼의 가장 중요한 부속물은 카스(kas)라는 북과 양파(yangpa)라는 거들이다. 슈렌크Schrenck는 다음과 같이 말한다: '나는 어느 날 밤 이리(Yrri) 마을의 한 텐트 속에 앉아 있었는데, 그들은 두 개의 샤먼 북과 여러 부속물들을 가지고 들어왔다. 내가 구경할 것을 요청하자 그들은 의례 준비에 참석하도록 허락해 주었다. 우선 북의 가죽을 팽팽하게 하려고 불로서 뜨겁게 열을 가하였다. 그래야만 북소리가 낭랑하게 울려 퍼진다는 것이다.[2)] 북은 염소나 순록의 가죽으로 만들었다(의례가 준비되는 동안에 샤먼이 만든다). 샤먼은 겉옷을 벗고 소위 코스카(koska)라고 불리는 짧은 앞치마를 입는다. 그리고 머리에 풀로 만든 머리띠를 매어, 그 끝단이 마치 머리 다발처럼 어깨에 늘어지게 한다. 다음에는 많은 철제 판,[3)] 원형의 구리 테 그리고 여러 금속제 펜던트가 매달린 가죽 거들를 착용하는데, 이것은 샤먼이 춤출 때 대단히 시끄럽게 쨍그랑거리는 소리를 내게 하는 것이다. 이 거들을 올차족(Olcha) 방언으로 양파라고 부른다. 거들에 부착되는 가장 큰 펜던트는 대형의 원형 동판으로, 여기에는 양각된 장식이 있는 작은 손잡이가 있다. 이 원형 동판은 만주족의 영향을 받은 것으로 생각된다. 톨레(tole)라 부르는 이 원형 동판은 가장 중요한 소리를 내는데, 이밖에도 또한 타쏘(tasso)라 부르는 수많은 철제 고리와 키레(kyire)라 부르는 불규칙한 철제 조각이 대단히 시끄러운 소리를 낸다. 한편 콩고로(kongoro)라고 부르는 몇 개의 철제 회전판과 콩곡토(kongokto)라 부르는 추 없는 소형의 구리 방울도 있다(이 허리띠를 매게 되면, 이러한 모든 장식물들은 몸 뒤쪽으로 매달리게 된다). 이러한 가죽 거들은 상당히 무겁다.[4)]

---

1) Jochelson, *The Koryak*, p.58.

2) 요헬슨도 이와 동일한 의례 준비에 대하여 언급한 바 있다. *The Koryak*, p.56.

3) 만주족 샤먼이 입는 철제 방울류가 부착된 가죽 앞치마와 비교를 하면 흥미 있을 것이다(헨리 밸포어 씨의 제안).

4) Schrenck, 앞의 책, iii, 126.

길랴크족은 고시베리아족에 속하지만, 그들 문화의 어떤 특징들이 퉁구스족의 영향을 받은 것처럼 금속제 장신구의 사용도 아마 퉁구스족에서 기원한 것 같다. 퉁구스 샤먼의 의상에 관한 그멜린의 설명을 보면,[1] 샤먼은 평상복 위에 철제 장식이 부착된 앞치마를 입는다고 한다. 이 사실은 샤먼 코트의 앞치마 형식이 길랴크족이 퉁구스족에게서 수입한 것이든가, 또는 그 반대로 퉁구스족이 길랴크족에게서 영향 받은 것일지도 모른다는 점을 시사해 준다.

B. 신시베리아족

신시베리아족이 갖는 삶의 철학은 북 속에 싱징적으로 잘 나타나 있으며, 샤먼 의상의 여러 부분에도 이와 같은 중요한 의미가 깃들여져 있다.

야쿠트족 흑대장장이와 같은 샤먼 의상의 장식을 만드는 사람도 어느 정도는 주술적인 위치를 차지하는데, 그들은 '특별한 손재주'를 갖는 것으로 인정된다.[2] 세습적인 흑대장장이는 저절로 소리를 낼 수 있는, 이크치라크(ichchylakh)라고 불리는 영혼이 깃든 도구를 갖고 있다. 흑대장장이는 직책상 샤먼과 가장 가까운 인물이며, 또 어느 정도는 샤먼과 관련이 깊다.

시에로스제프스키가 인용한 코리마 지구의 한 속담은 '흑대장장이와 샤먼은 한 둥우리 안에 있다'라고 전한다. 트로쉬챤스키도 '대장장이는 샤먼의 큰 형님이다'라는 속담을 인용하고 있다. 흑대장장이는 때때로 병자를 치유하며, 충고도 해주며 미래의 일을 예언할 수 있지만, 이런 일들은 주술적 능력에서가 아니라 단순한 재치와 영리함에서 가능한 것이다. 흑대장장이의 직업은 대부분 세습에 의한 것으로, 북방으로 갈수록 특히 그렇다. 어떤 (세습적인) 대장장이 집안이 처음으로 초자연적 능력을 얻은 것은 9대조 선조에서

1) 앞의 책, p.193.

2) Sieroszewski, *The Yakut*, p.632.

부터 비롯된다. 그의 선조가 오래될수록 대장장이의 능력도 뛰어나게 되는 것이다. 정령은 일반적으로 쇠로 된 둥근 테와 대장장이의 풀무가 내는 소리를 무서워 한다.

코리마 지구의 한 샤먼은 시에로스제프스키가 그의 도구 상자를 치울 때까지 샤먼화하지 않았다. 그리고 심지어 샤먼 의례가 불행히도 잘 되지 않는 이유를 시에로스제프스키에게 돌렸다. '정령은 흑대장장이(시에로스제프스키)를 두려워 하는데, 이것이 나의 부름에 정령이 나타나지 않는 까닭이다'라고 샤먼은 말하였다.[1]

시에로스제프스키에 의하면 샤먼의 의상은 주로 코트로 이루어진다. 코트는 쇠가죽으로 만드는데, 앞면은 너무 짧아서 무릎에도 미치지 못하지만 뒷면은 땅바닥까지 내려온다. 코트 뒷면의 가장자리와 표면은 각각의 명칭, 장소, 의미를 갖는 여러 장식물로 꾸며진다. 샤먼의 코트는 고시베리아족 의례용 복장에 필수불가결한 것은 아니지만, 신시베리아족 사이에서는 대단히 정교하게 발달되어 있다.

코트와 북을 지칭하는 용어는 언어학상으로 매우 흥미롭다. 대부분의 신시베리아족에서 북은 튀뉘르(tünür), 튄귀르(tüngür)라는 공통 명칭(다소의 방언의 차이는 있지만)을 갖는 반면에, 샤먼의 코트는 쿠무(kumu), 에레니(ereni), 마니약(manyak)[2] 등 여러 낱말이 사용된다. 이것으로 보아 샤먼의 코트는 의례용 북의 발생보다 시간적으로 좀 늦은 것이 아닌가 생각된다.[3]

시에로스제프스키는[4] 한 야쿠트족 노인에게서 들은 이야기를 토대로 하여 코트 장식물의 의미를 다음과 같이 설명한다:

1. 퀸게타(Küngeta, 태양을 의미)는 둥글고, 가장자리가 매끈한 반짝이는 원판으로, 크기는 작은 받침 접시만하다. 이 원판의 가운데에 구멍이 나 있는

---

1) 같은 책.

2) Wierbicki, *Altaian Dictionary*, p.487.

3) Troshchanski, 앞의 책, p.131.

4) Sieroszewski, 앞의 책, p.632

데, 여기에 짧은 가죽끈으로 꿰어 양 어깨 사이에 매단다.[1)]

2. 오이본-퀸가(Oibon-künga)는 얼음 구멍 태양을 뜻한다(hole-in-the-ice sun). 모양과 크기는 퀸게타와 동일하나 다만 중앙에 넓은 구멍이 있을 뿐이다. 긴 가죽끈으로 퀸게타의 위나 아래에 이것을 매단다.[2)]

3. 콘데이 키한(Kondei kyhan)은 금속제 고리로 등 뒤에 매다는, 엄지 손가락보다 조금 긴 주석 굴대(rolls of tin)이다.

4. 칠리릿 키한(Chilliryt kyhan)은 허리 윗부분의 등 뒤에 수없이 매다는 손가락 길이만큼의 평평한 판(flat plates)이다.

5. 호보(Hobo)는 옷깃 아래에 다는 추 없는 구리 방울이다. 크기와 모양은 까마귀 알과 비슷하고, 그 윗부분에는 물고기 머리가 그려져 있다. 금속제 고리나 가죽끈에 묶여져 있다.

6. 뷔르귀네(Bürgüne). 여성의 모자 투삭타(tusakta)를 장식하는 것과 비슷한 두 개의 둥근 평판이다. 그러나 무늬가 없다. 샤먼의 어깨에 마치 견장처럼 맨다.

7. 오이오고스 티미리아(Oiogos timiria)는 네 손가락의 넓이보다 조금 작은 두 개의 판이다. 몸의 앞·뒷면에 각각 단다.

---

1) 트로쉬챤스키는 다음과 같이 설명한다(p.143): 피카르스키Piekarski에 의하면, küngeta라는 말은 없고, künäsä 혹은 küsänä란 말이 있는데, künäsä의 의미는 불명확하다. 그러나 트로쉬챤스키는 야쿠트어 kün(태양)은 어원학상으로 künäsä와 관계없다고 생각한다. 후드야코프Khudyakoff는 야쿠트어 küsänä를 방울로 번역하였다. 카타노프Katanoff는 küsänä가 (1)「신탁의 시간」(oracular time)(?), (2) 샤먼 코트에 다는 태양을 상징하는 철제 원판을 의미한다고 한다.

2) 트로쉬챤스키는(p.144) 이 용어에 대신하여 oibonkünäsätä(얼음 구멍 원판)이란 말을 사용했다. künäsätä는 künäsä의 소유격으로, 이 소유격 형태의 낱말은 이 물건이 샤먼의 코트에 속하는 것임을 보여준다. 프리크론스키(Priklonski, *Three Years in the Yakutsk Territory*, 1891, p.54)는 이 물건을 külarküsanat(행복하고 유쾌한 태양이란 뜻)라고 불렀으나, 트로쉬챤스키는 그것은 잘못된 것이라고 한다. 트로쉬챤스키는 külar küsänä(소리내어 웃는 원판이란 뜻)라고 해야만 한다고 말한다. 포타닌(앞의 책, iv, 51)에 의하면 '서북아시아 지역의 몽골족에서 샤먼 코트의 뒷면에는 알타이족들이 kusungy 또는 kuler-kusungy라고 부르는 두 개의 둥근 구리판이 매달리는데, 때로는 다른 두 개의 동판이 가슴에 부착되기도 한다고 한다. 돌간족(Dolgan) 샤먼의 가슴에도 원판을 매다는데, 이것은 kuganna라 부르는 악령의 우두머리를 뜻한다고 트레티야코프(Tretyakoff, 앞의 책, p.214)는 전한다. 그러나 트로쉬챤스키는(앞의 책, p.145) kuganna는 단순히 원판을 지칭하는 야쿠트어 küsänä와 관계있는 말이지, 악령을 가리키는 용어는 아니라고 한다.

8. 타비타우아(Tabytaua)는 두 개의 긴 판이다. 넓이는 손가락 두 개만큼 된다. 양 소매에 단다.

9. 에뫼그얏, 아바기타 에뫼티얏(Ämägyat, abagyta ämätiat: 흔히는 에메헷 emehet이라고 부른다)은 구리판이다. 길이는 집게 손가락만하고, 넓이는 손바닥 반만하다. 구리판에는 '다리, 손, 머리, 코, 입, 눈, 귀가 있는'[1] 사람의 그림이 있거나, 가운데에 사람의 모습이 양각되어 있다.

'9대조의 흑대장장이만이 정령의 위험 없이 구리판 에뫼그얏을 만들 수 있는데, 이것은 샤먼이 의례를 시작할 때에 가슴에 다는 것이다.[2] 에뫼그얏의 정확한 의미는, 그것이 인격적인 힘이든, 비인격적인 힘이든지 간에 명확히 이해하기 어렵다. 에뫼그얏이란 말이 ① 불가시적인 힘 그리고 ② 가시적인 상징물이라는 두 가지 의미로 쓰이기 때문에, 여기서 이것에 관한 여러 설들을 검토하기로 하자. 그러나 본 장에서는 후자에 대한 것만 살피기로 한다. 에뫼그얏이 없는 샤먼은 그것을 가지고 있는 샤먼 오르토 오이윤(orto oyuun)*과 구별하여 케니키 오이윤(kenniki oyuun)이라고 부르는데, 소샤먼이란 뜻이다. 한편 에뫼그얏을 부분적으로 갖고 있는 샤먼의 능력은 그들이 소유한 에뫼그얏의 강한 정도에 따라서 다르다.[3] 대샤먼이란 울루-토이엔(Ulu-Toyen)**이 직접 보낸 수호신을 갖고 있는 샤먼이다.[4]

시에로스제프스키[5]는 샤먼 의례에 대하여 서술하면서, 샤먼은 그의 에뫼그얏과 다른 수호신의 도움을 간절히 원한다고 하였다. 에뫼그얏이 샤먼에게 내려올 때만, 샤먼은 격렬한 광란의 춤을 추기 시작한다.

한 대가족이 샤먼을 식구로 취급하는 동안에는 언제라도 에뫼그얏의 도움

---

1) 시에로스제프스키는 원주민의 생생한 표현을 인용하고 있다. 앞의 책, p.634.

2) 앞의 책, p.632.

* 야쿠트족의 중샤먼.

3) 앞의 책, p.628.

** 야쿠트족의 최고신.

4) 같은 책.

5) 앞의 책, 642-643.

은 끊이지 않는다. 왜냐하면 샤먼이 죽은 후, 그의 에뫼그얏은 동일 씨족(agu-usa)*에 속하는 어떤 사람에게 다시 나타나기 때문이다.[1)]

시에로스제프스키에 의하면,[2)] 에뫼그얏은 매우 특별한 존재로서 대개는 죽은 샤먼의 영혼이나 가끔은 어떤 하위신이기도 하다.

인간의 육신은 위대한 신과 같은 힘을 가진 에뫼그얏이 계속하여 나타나면 견딜 수 없기 때문에, 이러한 수호신(에뫼그얏을 이렇게 일컬을 수 있다면)은 샤먼의 육신 안에 깃들지 않고, 샤먼 주변의 가까운 곳에 있으면서 샤먼이 그를 원할 때나 위기에 처해 있을 때 샤먼을 도와주기 위하여 나타난다.[3)]

'샤먼은 에뫼그얏의 도움을 받아야만 보고 들을 수 있다'[4)]고 샤먼 티우스피우트는 시에로스제프스키에게 말한 바 있다.

어떤 방식으로든지 에뫼그얏을 소유하는 일은 샤먼의 의사와는 관계없다. 그것은 주로 우연적인 사건이나 하늘로부터의 명령에 의한 것이기 때문이다. 샤먼 티우스피우트도 매우 우연한 기회에 그의 에뫼그얏을 얻었다.

대샤먼은 죽을 때에 그의 에뫼그얏을 함께 가지고 가며, 그로 인해 그는 천상의 존재로 변한다. 따라서 이 존재의 대부분은 전 샤먼이다. 그런데 만일 에뫼그얏이 이러한 방식으로 지상을 떠나지 않는다면, 조만간 스스로 지상에 나타날 것이다.

트로쉬챤스키는 야쿠트족 샤먼의 코트 장식 중에서 가장 중요한 것은 사람을 나타내는 에뫼그얏이라고 한다. 샤먼이 모조하여 만든 어떤 코트에는 구리로 주조한 에뫼그얏이 왼편에 부착되어 있고, 또 다른 코트에는 주석으로 만든 에뫼그얏이 양쪽 가슴에 부착되어 있다.[5)]

---

* 야쿠트족의 부계 씨족.

1) 앞의 책, p.625.

2) 앞의 책, p.626.

3) 앞의 책, p.627.

4) 앞의 책, p.627.

5) Troshchanski, 앞의 책, p. 140.

에뫼그얏은 샤먼이 소명을 받았다는 상징물로서 늙은 샤먼에게서 새로운 샤먼에게 전수된다. 트로쉬챤스키는 에뫼그얏이 샤먼의 조상이나 보호자를 뜻한다는 것은 매우 가능한 일이라고 생각하였다.[1]

트로쉬챤스키는 샤먼의 준비 기간에 대하여 언급하면서, 야쿠트족 샤먼은 연장자 샤먼(an older shaman)에게서 가르침을 받는데, 연장자 샤먼은 샤먼 후보자의 목에 에뫼그얏을 걸어줌으로써 샤먼으로 변화시킨다고 하였다. 이 에뫼그얏은 더 이상 샤먼의 일에 종사하지 않으려는 샤먼에게서 얻은 것이다.[2] 야쿠트족의 한 늙은 맹인은 시에로스제프스키에게 자신의 경험을 다음과 같이 말했다: '나는 죄의식을 느끼면서도 마침내 샤먼의 소명을 포기하였는데, 나의 에뫼그얏 상징물은 어떤 대샤먼이 가져가 버렸다. 그런데도 정령들은 나를 장님으로 만들어 버렸다.'

몽골어 에뫼겔드지(ämägäldzi)는 가옥, 가족, 가구의 수호신을 나타내며, 주석으로 만든다. 카타노프Katanoff에 의하면, 이 낱말은 할머니를 뜻하는 에뫼겐(ämägän)이란 말에서 유래하였다고 한다.

10. 발릭-티미르(Balyk-timir, 물고기라는 뜻)는 머리, 지느러미, 꼬리, 비늘을 갖춘 물고기 모습이며 길이 1m, 넓이 두 손가락 정도의 판으로 긴 가죽끈에 매달린다. 코리마 지구와 같은 어떤 지역에서는 하위의 정령(the secondary spirits)을 유인하기 위하여 발릭-티미르는 땅에 질질 끌린다. 물고기는 하위 정령을 쫓아가서 잡으려고 한다.[3]

11. 초란(Choran)은 속이 빈 작은 구리공이다. 발뒤꿈치까지 드리워져서 코트 하단의 프린지처럼 흔들거리는 긴 가죽끈의 끝에 초란을 묶는데, 이러한 술 장식을 비티리스(bytyrys, 잡초란 뜻)라고 부른다.

코트 앞면은 평평하다. 그리고 가슴 부분은 가죽끈으로 묶고, 턱 아래 목은 수망아지 혓바닥처럼 생긴 버클로 묶는다(이것을 kulun tyl kurduk이라

---

1) 같은 책.

2) 앞의 책, p.147.

3) Sieroszewski, 앞의 책, p.634.

부른다). 코트 앞면에는 동물·새·물고기의 형상과 여러 가지 원판, 해·달·별의 상징물 그리고 사람 해골과 내장을 나타내는 철제물이 부착된다..

이러한 의상을 사용하지 않는 북방 지역에서 샤먼은 송아지 가죽으로 만든 산기니아(sangyniah)라는 여성 코트를 입는다. 이 코트는 겉면에는 털이 그대로 있으며, 아랫부분에는 두 개의 태양(때로는 태양과 달), 물고기 그리고 뷔르귀네(bürgüne)와 같은 가장 중요한 철제 장식물이 달린다. 또한 코트 앞면에 가슴을 나타내는 두 개의 둥근 판이 부착되기도 한다.

훌륭한 샤먼의 의상은 15~18 kg의 철제 장식물이 필요하다. 시베리아 북부의 샤먼은 귀가리개가 달린 여성의 여행용 모자를 쓰지만, 남부에서는 흔히 어떤 모자도 쓰지 않는다.

일반의 신앙에 의하면, 샤먼 의상에 부착된 철과 딸랑거리는 펜던트는 녹이 스는 것을 막아주고, 영혼 — 이크치테(ichchite)를 가질 수 있게 해준다고 한다.[1)]

샤먼은 맨몸 위에 직접 코트를 입는데, 이것은 그의 보조자 쿠투룩수타(kuturksuta)에게서 얻는다. 쿠투룩수타는 샤먼 의례 중에 '셉! 키르딕! 추! 오오!'(seb! kirdik! choo! oo!: 잘한다! 정말로! 추! 오오!라는 뜻)라고 외쳐댈 의무가 있으며, 또한 그는 북을 준비해주는 등 여러 일로 샤먼을 돕는다.

북을 일컬어서 시에로스제프스키는 퉁귀르(tüngür)[2)]로, 트로쉬챤스키는 튀뉘르(tünür)나 뒤뉘르(dünür)[3)]라고 부른다.

대개 북의 모양은 달걀과 비슷한데 젊은 수소의 가죽으로 덮어 만든다. 타원형 북의 가장 긴 지름은 53cm이고, 두께는 11cm이며 그리고 북채는 32cm나 된다. 북채의 넓은 부분은 암소가죽으로 감싼다. 요헬슨에 의하면

---

1) Sieroszewski, 앞의 책, p.635.

2) 앞의 책, p.635.

3) 앞의 책, p.128.

북에는 12개의 융기된 뿔 형상이 있다고 한다.[1] 한편 시에로스제프스키는[2] 뿔의 숫자는 항상 7, 9 또는 11과 같은 홀수로 되어 있다고도 한다. 북 내부의 십자형 틀은 끈으로 북 테에 묶는다. 작은 방울, 쨍그랑거리는 작은 장신구 그리고 철제·골제(bone)로 된 딸랑이는 특히 끈이 묶인 북 내부의 테에 부착된다.

북을 일컫는 튀뉘르라는 명칭은 대부분의 신시베리아족에서 보편적으로 사용되는 것 같다. 그러나 가끔은 t가 d로 발음되어 뒨귀르(düngür)라고도 한다.

만주족은 북을 일컬어서 툰켄(tunken), 몽골족은 뒨귀르(düngür), 알타이족은 퉨구르(tüngur), 우리안카이족(Uriankhai)은 돈퀴르(donkür), 소이오트족(Soiot)과 카라가스족(Karagass)은 퉨구르(tüngur)라고 부른다.

위에서 보았듯이 야쿠트족은 튀뉘르, 뒤뉘르라는 북에 대한 두 호칭이 있다. 마크Maak는 빌루이(Viluy) 지구의 야쿠트족 사람에게서 '샤먼은 튀뉘르라는 북을 가질 뿐더러 뒤뉘르라는 현악기도 갖는다'고 들었다.[3]

또한 야쿠트어의 튀뉘르는 혼인을 통한 혈족 관계도 의미하며, 튀뉘뢰퇴르(tünürättär)는 결혼 중매라는 뜻이다.

트로쉬챤스키는[4] 튀뉘르란 말이 갖는 이중적 의미 — 북과 결혼이라는 두 가지 뜻 — 는 결코 우연이 아니라고 한다. 그에 의하면 샤먼은 원래 대가족의 가장이었기 때문에, 북이라는 물건은 샤먼과 정령 사이뿐 아니라 샤먼과 공동체 사이를 결속시켜 주는 것으로 간주되었다는 것이다.

샤먼은 북 이외에도 두 개의 다른 악기를 사용하는데, 하나는 러시아의 발랄라이카(balalaika: 밴조의 일종)와 같은 현악기이고 또 하나는 소위 주스 하프(jews' harp)과 비슷한 악기이다. 주스 하프와 같은 이 악기는 나무나 금

1) *The Koryak*, pp.56-57.

2) Sieroszewski, p.635.

3) *The Viluysk District of the Yakutsk Territory*, iii, 118.

4) 앞의 책, p.129.

속으로 된 긴 리드가 달린 소형 악기로서 손가락으로 연주한다. 악기의 좁은 끝부분은 이빨 사이에 물고 있어서, 입은 마치 공명판과 같은 역할을 한다.

야쿠트족에서 호무스(하미스; homus, hamys)라 불리는 주스 하프와 같은 악기는, 다른 신시베리아족의 샤먼들도 그것을 연주할 수는 있지만, 분명히 샤먼의 악기는 아니다.

이르쿠츠크의 부리야트족은 이 악기를 쿠르(khur)라 부르는데, 샤먼만이 연주한다.[1] 이 점은 우리 안카이족에서도 마찬가지이다. 소이오트족은 이 악기를 코무스(komus)라 부르는데, 그러나 알타이족(가장 좁은 의미로 사용해서)은 코무스란 말을 샤먼에 의해서만이 연주되는 러시아의 발랄라이카 같은 현악기를 가리키는 데 사용한다.[2] 키르기스족(Kirgis)은 샤먼의 북을 코부즈(kobuz)라 부른다.[3] 비어비키에 의하면, 알타이족은 영웅 설화를 노래하는데 두 개의 현을 가진 카비스 또는 코무스(kabys or komus)란 악기로 반주한다고 한다.[4]

가끔 북이나 특별한 의상이 없이 행해지는 소규모의 샤먼 의례도 있다. 샤먼은 평상복 차림으로 방 한가운데의 조그만 의자에 앉는데, 그의 손에는 백마 털의 다발로 장식된 나뭇가지가 쥐어져 있다. 백마 털의 다발은 보통 3, 5 또는 7개로서 결코 짝수의 다발이 장식되지는 않는다. 이 의례 기간 동안에 불은 꺼지지 않으며, 불 속으로 말 털들이 던져지기도 한다. 샤먼은 춤추지는 않지만 노래하며 빙빙 돌아다닌다.[5]

트로쉬챤스키는[6] 야쿠트족에서 백샤먼과 흑샤먼은 각기 다른 코트를 입는다고 생각한다. 백샤먼의 코트에는 어떠한 동물무늬도 없는데, 이것은 아

---

1) Katanoff, *A Journey to Karagass in 1890*, I. R. G. S., 1891, p.201.
2) Wierbicki, *A Dictionary of the Turkic Language*, p.141.
3) Troshchanski, p.130.
4) *The Natives of the Altai*, p.139.
5) Sieroszewski, 앞의 책, p.635.
6) 앞의 책, p.133.

이(aiy, 善靈)에 속하는 그들의 수호신이 동물로 상징화되지는 않기 때문이다. 흑샤먼의 코트에는 백샤먼에게만 독점되어 있는 태양의 표상이 있어서는 안 된다(트로쉬챤스키에 의하면). 백·흑 샤먼에 따라서 사용하는 북도 다르다. 한번은 트로쉬챤스키가 샤먼 의상에 대하여 풍부한 지식을 가지고 있는 한 야쿠트족 노파에게 어떤 북을 보여주자, 노파는 북 안쪽의 테두리에 말털이 묶여져 있음을 보고 그것이 백샤먼의 북임을 금방 알아차렸다.

샤먼의 코트에는 부족이나 씨족에 따른 차이점도 발견된다. 그러나 백·흑 샤먼의 의상 사이에 명확한 구분을 정한다는 것은 어려운 일이다. 트로쉬챤스키는 샤먼 종류의 이중성(dualism)*개념에 너무 많이 영향을 받았던 사람이다. 그러나 우리가 입수한 불과 몇 장의 불충분한 사진 자료를 보더라도, 트로쉬챤스키의 견해**는 현명치 못하다고 생각된다. 그러나 고시베리아족의 샤먼 도구에 대하여 서술했던 어느 누구도 백·흑 샤먼의 구분에 따라서 도구도 달라진다는 견해를 밝힌 적은 없지만, 신시베리아족에 대하여 논의했던 일부 학자가 그러한 구분을 인정했다는 점을 우리는 주목해야 한다.

포타닌Potanin은[1] 우리안카이족의 샤먼 코트에 달린, 왼손에 조그만 북을 든 작은 인형에 대하여 설명한다. 인형을 매단 줄에는 또한 진정한 샤먼의 희생 동물을 닮은 소형 동물상도 묶여 있다. 이 소형 동물의 의미는 물론 명확하지 못하다. 샤먼의 조상은 상징적 모습으로 샤먼 코트에 살고 있다. 만일 우리가 에뫼그얏을 샤먼의 조상이라고 생각한다면, 우리안카이족 샤먼의 코트에 매달린 작은 인형은 야쿠트족의 에뫼그얏과 비슷한 존재로 생각할 수 있다.

트로쉬챤스키의 저서에는 샤먼 코트에 그려진 해골 그림이 있는데, 이것은 아마도 샤먼의 조상을 나타내려고 한 것임에 틀림없다. 왜냐하면 해골 바로 옆에는 매의 날개를 꿰매어 달았는데, 샤먼이 아니고는 어느 누구도 날 수 없

---

* 백샤먼과 흑샤먼이라는 두 종류.

** 백·흑 샤먼에 따라서 코트도 달라진다고 한다.

1) 앞의 책, iv, 100.

으며 또한 샤먼만이 날개로 표현될 수 있기 때문이다.

우리는 이상에서 샤먼의 조상을 나타내는 데는 인형, 에뫼그얏, 해골이라는 세 가지 방식이 있음을 알게 되었다. 그러나 한편 에뫼그얏이 나머지 다른 두 개의 상징물과 함께 나타나는가를 확인하는 것은 흥미로운 문제가 될 것이다. 만일 함께 나타난다면 에뫼그얏은 조상령의 상징물은 아니고, 그 자체가 하나의 의미를 가질 가능성이 있다. 야쿠트족 샤먼의 코트에 보이는 해골은 에뫼그얏과 관계없이 그려져 있다. 포타닌이 설명한 알타이족 샤먼의 코트에는 인형이 에뫼그얏과 함께 발견된다. 트로쉬챤스키와 시에로스제프스키는 에뫼그얏을 모든 샤먼 코트에 반드시 필요한 장식물이라고 한다.

샤먼 코트는 자연히 비인격적 힘을 갖는다. 이 샤먼 코트를 몽골족은 온고르(ongor), 야쿠트족은 타나라(tanara)라고 부른다. 물론 이외에도 샤먼 코트의 세부 명칭은 있다.

샤먼은 이 코트를 가짐으로써 초자연적 능력을 얻으며, 정령과 만나 여러 일들을 처리하기 위해서 상·하계로 여행할 수가 있는 것이다. 그래서 야쿠트족은 코트를 '샤먼의 말'이라고도 부른다.

코트 자체가 샤먼의 타나라이지만, 코트에 부착된 여러 상징물도 또한 샤먼의 타나라,* 즉 수호신이다.[1]

프리푸조프는 코트에 대하여 다른 견해를 가지고 있다.[2] 구멍 뚫린 태양과 반달 그림은 정령의 왕국에 세력을 떨치는 황혼을 뜻한다고 한다. 코트에 매달린 이상한 동물, 물고기, 새는 정령의 세계에 산다고 전해지는 괴물을 나타내는 것이다.

등에 걸려 있는 쇠사슬은 강한 샤먼의 힘을 뜻한다고도 하고, 또는 정령의 세계로 여행할 때에 쓰는 방향키라고도 한다. 철제 원판은 샤먼을 악령의 공격으로부터 보호해 준다.

---

* 타나라는 코트 호칭이지만 동시에 수호신이란 뜻도 있다.

1) Troshchanski, p.135.

2) p.95.

포타닌은[1] 알타이와 서북시베리아 원주민의 샤먼 의상에 대하여 흥미 있는 설명을 해주고 있다. 그에 의하면, 알타이 원주민의 샤먼 의상은 비교적 잘 보존되어 있다고 한다.

알타이 원주민 샤먼의 코트는 염소나 순록 가죽으로 만든다. 코트의 겉면에는 뱀 모양의 제각기 길이가 다른 펜던트와 여러 색깔의 헝겊 조각이 매달려 있다. 뱀 머리를 밑으로 한 펜던트는 자유롭게 흔들거린다. 또한 순록 가죽끈의 다발이 여기저기 부착된다. 알타이 원주민은 코트 자체를 마니약(manyak)이라 부르지만, 동시에 이러한 작은 펜던트도 그렇게 부른다.

샤먼 코트에는 이외에도 악령 등을 위협하기 위하여 철제 트라이앵글, 소형 활, 화살과 같은 딸랑이와 상징물들이 또한 부착된다. 두 개의 구리 원판을 코트 뒷면에, 그리고 가끔은 앞면에도 붙이게 된다. 어떤 캄(kam)*은 코트에 네 개의 빈 담배 가방을 달았다. 비어 있는 담배 가방 안에는 담배가 채워져 있다고 단지 상상으로 믿어지는데, 이것은 그가 정령의 나라에서 방황하게 될 때에 정령에게 바칠 예물이다.

옷깃은 올빼미 깃털로 장식된다. 포타닌에 의하면 어떤 샤먼은 코트 옷깃에 하늘의 처녀를 상징하는 일곱 개의 작은 인형을 달았다고 한다.

몇 개의 방울이 코트 곳곳에 매달린다. 비교적 부유한 샤먼은 방울을 아홉 개 정도나 많이 달고 의례를 거행한다. 포타닌이 어떤 캄에게서 들은 바에 의하면, 방울의 땡그랑거리는 소리는 옷깃에 매달린 일곱 처녀의 목소리인데, 이것은 정령들 보고 샤먼한테 내려가라는 소리라고 한다.

알타이족 샤먼의 모자[2]는 사각형으로 된 암순록 가죽으로 만든다. 모자 한 면에는 두 개의 단추가 있고, 다른 면에는 두 개의 고리가 있다. 모자 꼭대기에는 깃 장식 묶음이 꿰매어져 있고, 아랫부분에는 끈과 조개로 꾸며진 술 장식이 있다. 모자의 모양은 원통형으로, 만일 가죽이 질기고 단단한 경우에

---

1) 앞의 책, iv, 49-54.

* 알타이족의 샤먼 호칭.

2) 앞의 책, p.52.

는 깃 장식이 달린 모자 꼭대기는 귀족이 쓰는 작은 관(코로넷)처럼 곧추서게 된다.

텔레우트족(Teleut)의 어떤 샤먼 모자는 갈색의 올빼미 가죽으로 만든다. 올빼미 깃털이 장식으로 그대로 쓰여지며, 때로는 올빼미 머리도 모자를 꾸미는 데 사용된다.

모든 샤먼이 코트 마니약과 올빼미 가죽 모자를 쓸 수 있는 것은 아니다. 대체로 정령들이 샤먼에게 어떤 지시를 내려야 그러한 코트와 모자를 사용할 수 있다.

쉐른(Chern) 지구의 타타르족(Tatars) 샤먼은 다람쥐 꼬리로 눈썹과 콧수염을 만든 코초(kocho)라는 가면을 쓴다. 야드린체프Yadrintzeff는 또한 이들이 두 개의 목발을 사용하는 것을 보았는데, 하나는 구부러진 지팡이였고, 다른 하나는 부리야트족의 '말 모습 장대'와 비슷한 것인데, 그들은 이것을 말이라고 생각한다.

포타닌이 알타이와 서북몽골 지역의 원주민에게서 보았던 북은 모두 둥근 모양이었다.[1)] 야드린체프에 의하면, 쉐른 지구의 타타르족은 동시베리아의 달걀 모양 북과 비슷한 타원형의 북을 사용한다고 한다.

알타이 지역의 북에는 사람의 손바닥 크기 만한 테가 있는데, 한쪽 면을 가죽으로 덮는다. 북 안쪽에는 수직으로 된 나무 손잡이가 있고 또한 방울이 달린 철끈이 수평으로 되어 있다. 북은 나무 손잡이로 잡는 것이지 나무 손잡이와 철끈의 교차점을 쥐는 것은 아니다.

알타이 원주민은 이 나무 손잡이를 바르(bar)*라고 부른다. 그러나 서북시베리아 종족들에서는 이에 대한 여러 명칭이 있다. 바르의 양쪽 끝에는 사람의 얼굴과 발이 새겨진다.

손잡이의 윗부분에는 눈, 코, 입, 턱이 매우 정교하게 조각된다. 수평으로

---

1) 앞의 책, iv, 44, 679.

* 사람 모습처럼 생긴 북 손잡이.

된 철끈을 알타이족은 크리쉬(krish)라 부르며, 여기에 쿤그루(kungru)라 하는 철제 딸랑이들을 매단다. 쿤그루의 수효는 샤먼의 능력에 따라서 달라진다. 따라서 쿤그루의 수효는 샤먼이 얼마나 많은 차유(chayu: 포타닌은 이 낱말을 '정령'이라고 번역했지만, 오히려 '영적인 능력'이라고 해야 할 것 같다)를 가지고 있는지를 아는 기준이 된다. 왜냐하면 샤먼이 많은 차유를 가질수록 그의 북에는 더욱 많은 쿤그루가 매달리기 때문이다. 한편 야우아수아(yauasua)라고 하는 화려한 헝겊 조각으로 나무 손잡이에 새겨진 사람의 턱 아래를 묶는데, 라들로프Radloff는[1] 이것을 얄라마(yalama)라고 부른다.

북의 가죽 면이나, 또는 양쪽 면에 그리고 때로는 안쪽 면에만 붉은 물감으로 원, 십자형 무늬 그리고 여러 선들을 그린다.[2]

알타이족 샤먼이 쓰는 어떤 북에는 동물 그림이 있는데, 이것은 북아메리카 인디언의 북에 나타나는 그림과 매우 유사하다.[3]

쉐른과 쿠마딘스크(Kumadinsk) 지역 타타르족의 북은 알타이족의 것과 다르다. 바르와 크리쉬 그리고 딸랑이 판 대신에, 가로지른 수평선으로 상계와 하계의 두 세계를 묘사하고, 북 역시 상·하부 두 부분으로 나눈다.[4]

쉐른 지역 타타르족의 북 겉면에는 동물과 식물의 그림이 있다. 북 상부의 넓은 부분에 하늘을 표시하는 상징과 함께 아치가 그려지고, 아치 안에는 각각 새가 앉은 두 그루의 나무가 있다. 나무의 왼쪽에는 두 개의 원이 있는데, 이것은 해와 달, 즉 밝음과 어둠을 나타낸다. 수평선 이하의 부분에는 개구리, 도마뱀, 뱀을 그려 넣었다.[5] 이러한 그림이 갖는 상징은 자연과 초자연적 세계에 관한 샤머니즘의 세계관을 잘 보여주는 것이기 때문에, 북에 보이는 그림은 매우 중요하다.

---

1) *Aus Sibirien*, ii, 18.
2) Potanin, iv, 40-49.
3) Jochelson, *The Koryak*, i, 58-59.
4) Potanin, 앞의 책, iv, 680.
5) 앞의 책, iv, 44-45.

포타닌과 클레멘츠의 연구가 가장 가치 있는 것이지만, 이밖에 신뢰할 수 있는 조사·연구 자료는 불행히도 매우 적은 편이다. 전반적으로 서북아시아 종족들이 사용하는 북, 특히 남부 지방에서는 북이 수평선으로 구분된 상계와 하계의 표현으로 장식되어 있다고 해도 무방하다.[1]

클레멘츠는 미누신스크(Minussinsk) 지방에 특징적으로 나타나는 북에 관한 연구에서 위에서 설명해왔던 북의 그림·장식에 대하여 다음과 같이 설명하였다:[2] 그는 높은 신분에 있는 한 캄에게서 많은 정보를 얻었다:

모든 북이 동일한 방식으로 꾸며지는 것은 결코 아니지만, 그래도 대개는 수평선에 의해 북을 상·하계로 나눈다는 기본 방식은 있다. 이 점에서 우리는 알타이족과 몽골족이 그들의 북과 북 장식에 대하여 가지는 어떤 개념이 있으며, 또한 이러한 개념을 구체화하는 전통적인 규정이 있음을 알 수 있다.

a. 북의 아랫부분 :

① 바이-카진(Bai-kazyn, 백색으로 칠한다), 잘 자란 자작나무 — 이 둘레에서 매년 희생 의례가 베풀어진다.

② 울룩-바이-카진(Ulug-bai-kazyn, 백색으로) — 울루칸(ulukhan)의 나라에서 자라는 두 그루의 나무.

③과 ④ 아크 바가(Ak-baga: 하얀 개구리)와 카라-바가(Kara-baga: 검은 개구리) — 울루칸의 시종들이다.

⑤ 크쉬티-우스(Chshity-us) — 일곱 개의 둥우리와 일곱 개의 깃털과 관계있는 정령.

⑥ 크쉬티-키즈(Chshity-kyz, 일곱 명의 하녀) — 이들이 인간에게 일곱 가지 질병을 가져다 준다.

⑦ 울게레(Ulgere) — 치통과 귀앓이의 완쾌를 위해서는 울게레에게 기도

---

1) Mikhailowski, p.68.

2) *Types of Drums of the Minussinsk Natives*, E. S. S. I. R. G, S., p.26.

해야 한다.

⑧ 옷-이메제(Ot-imeze, 불의 어머니).

b. 북의 윗부분 :

① 소우반-이르(Souban-ir) — 캄은 이것을 오로라라고 번역한다[포타닌의 설명으로는 이것이 새벽을 뜻하는 것인지, 아니면 북극광을 말하는 것인지는 확정하기 어렵다].

② 키운(Kyun) — 해를 뜻한다.

③ 이케-카라구스(Ike-karagus) — 샤먼이 샤이탄(shaytans)*에게 보내는 사자로서 역할하는 두 마리의 검은 새.

④ 아바-티우스(Aba-tyus, 곰 이빨).

⑤ 수기즈님-카라갓(Sugyznym-karagat) — 캄에 의하면 울루칸의 말이라고 한다.

⑥ 키질-키크-칸(Kyzyl-kikh-khan) — 사람들이 어떤 일을 시작할 때에는 이 신에게 기원한다.

백색으로 그려지는 다른 형상에는 동물들이 있는데, 이것은 키질-키크-칸이 사냥하는 동물이다.

클레멘츠 이외에도 많은 연구자들이 그림을 기준으로 하여 신시베리아족의 북을 두 부분으로 나누는 것에 관하여 언급해 왔다. 비어비키[1]는 알타이 원주민의 튄귀르에 대하여 다음과 같이 설명한다: '북의 겉가죽 면은 붉은 물감으로 칠한다. 북의 윗부분에는 하늘, 무지개, 해, 달, 별, 말, 거위, 말을 탄 캄을 그리고, 아랫부분에는 땅을 그린다.

핀쉬 박사[2]의 설명에 의하면, 사모예드족(Samoyed)과 옵-오스챠족(Ob-

---

* 몽골족의 검은 정령.

1) *The Natives of the Altai*, p.45.

2) Finsch, *Reise nach West-Sibirien*, p.550(Berlin, 1879), Jochelson, *The Koryak*, p.59에서 재인용.

ostyak)의 북은 알타이족의 북과 비슷한 것으로 모양은 둥글고 넓은 테두리를 가졌으며, 가죽은 북의 한 면만을 감싼 직경 30~40 cm의 북이다.

포타닌은 오스챡족의 북도 쉐른 지역의 타타르 북과 마찬가지로 북을 상·하계 두 부분으로 나눈다고 한다.[1)]

부리야트족 부리야트족 샤먼의 의상과 도구에 대해서는 팔라스가 처음으로 언급하였다.[2)] 팔라스가 언급한 샤먼은 한 여성 샤먼에 관한 것이었는데, 그녀는 남편과 다른 두 사람의 부리야트인과 함께 의례를 거행하곤 하였다. 여성 샤먼을 돕는 이들은 모두 각기의 주술적인 북을 가졌다.[3)] 여성 샤먼은 두 개의 막대기를 손에 들었는데, 막대기의 위 끝은 말머리가 조각되어 있고, 둘레에는 작은 방울들이 달려 있다(최근의 여행가들은 이 도구를 '말 모습 장대'라고 불렀다). 흰 가죽과 검은 가죽으로 약 30여 개의 뱀을 만들어서, 뱀들이 마치 백·흑 반지를 구성하는 것처럼 하여 어깨 뒤로부터 땅바닥까지 드리운다. 뱀 하나는 그 끝을 세 가닥으로 나누는데, 이것은 모든 부리야트족 여성 샤먼에게 반드시 필요한 것으로 생각된다. 모자는 철제 투구로 되어 있는데, 여기에는 뿔이 세 개나 달려 있으며, 마치 사슴 뿔처럼 양쪽으로 솟아 있다.

그멜린[4)]은 셀렌긴스크(Selenginsk) 부근에서 존경받고 있는 한 늙은 여성 샤먼의 의상을 보았다. 샤먼 의상은 그녀의 유르타 안에 걸려 있었는데, 그녀의 설명에 의하면 그것은 완전히 갖추어진 샤먼 의상은 아니라고 한다. 또한

---

1) 앞의 책, iv, 680.

2) *Reise durch verschiedene Provinzen des russischen Reiches*, 1777, pp.102-103.

3) 최근의 보고에 의하면, 부리야트족에게는 북이 없다고 한다. 캉갈로프는 북을 단 한 번 보았는데, 그것은 젊고 경험이 없는 샤먼의 경우였다. 클레멘츠도 부리야트족은 북을 거의 사용하지 않는다고 한다. 그러나 그는 다음과 같은 예외의 경우도 설명해 주고 있다: '샤먼과 아홉 명의 아들이 참가하는 거대한 샤먼 의례에 [클레멘츠는 세렌가(Selenga) 강 어귀의 쿠다(Kuda) 부리야트족에서 목격하였다] 한 의례 보조자가 조그만 탬버린을 손에 쥐고 있었는데, 그러나 탬버린의 의미나 의례 보조자의 역할은 매우 분명하지 못했다. 한편 신기하게도 18세기에 조사 연구를 했던 팔라스도 의례 보조자가 북을 사용했던 사실에 동의하였다.

4) ii, 11-13.

그녀는 헝겊 조각과 조그만 돌 그리고 번개 화살 등으로 가득 찬 한 상자를 가지고 있었는데, 이러한 물건은 그녀가 주술적인 목적으로 사용하는 것들이다.[1] 그 밖에 펠트로 만들어진 여러 가지 우상들이 펠트 가방에 가득 차 있었다. 아가피토프와 캉갈로프의 열정적인 조사·연구 속에는 오늘날은 거의 볼 수 없는 부리야트족 샤먼 의상에 대한 훌륭한 설명이 들어 있다. 그들에 의하면 코트(오르고이, orgoy), 모자 그리고 말 모습 장대는 샤먼의 가장 중요한 도구들이다.

1. 오르고이라고 불리는 샤먼 코트는 백샤먼에 있어서는 백색으로, 흑샤먼에 있어서는 푸른색으로 만든다. 이 코트는 보통 입는 코트와 크게 다르지 않다.[2]

클레멘츠는[3] 오늘날의 오르고이보다는 옛날의 구형 오르고이가 조금 짧다고 전한다.

코트 앞면에는 말, 새, 물고기 등의 금속제 형상을 매단다. 뒷면은 뱀을 나타내는 꼬인 철물이 매달리는데, 여기에 샴쇼르고(shamshorgo)라고 하는 방울이 달리며,[4] 또한 일렬로 줄지어진 조그만 방울과 탬버린-벨이 부착된다.

가슴에 있는 얇은 판 위에는 반짝거리는 소형의 구리 원판이 걸리며, 소매에도 역시 얇은 철제 판을 매다는데, 이것은 어깨뼈와 앞팔뼈를 나타낸다. 그래서 그멜린은 니즈네-우딘스크(Nijne-udinsk)에서 온 두 샤먼의 옷차림을 보고 '쇠사슬로 묶인 악마' 같다고 표현하였다.[5]

2. 끝이 뾰죽한 모자는 삵괭이 가죽으로 만드는데, 모자 위에는 리본 다발

---

1) 아가피토프와 캉갈로프(pp.42-44)는 이와 똑같은 상자를 쉬레(shire)라고 불렀다(역주: 쉬레는 부리야트족 샤먼이 의례용 도구를 담는 상자를 말한다).

2) Agapitoff and Khangaloff, p.42.

3) E. R. E., p.16.

4) 클레멘츠는 샴쇼르고란 말을, (i) 샤먼 코트의 뱀에 부착된 방울과, (ii) 말 모습 장대의 윗부분에 매다는 원추형의 철제물을 지칭하는 데 사용하였다. 그러나 이 말이 두 가지 의미를 동시에 내포하는지에 대해서는 어떤 언급도 하지 않았다.

5) 클레멘츠에 의하면, 오르고이는 어떤 지방에서는 사후에 입는 옷, 곧 수의로 쓰인다고 한다.

을 묶는다. 샤먼은 다섯 번째 정화 의례를 치른 후에야 철제 모자를 쓸 수 있다. 철제 모자는 왕관 모양과 비슷한 철제로 된 둥근 테로 되어 있는데, 여기에는 두 개의 반쪽 둥근 테가 서로 교차하며, 이것 위에 두 개의 뿔 같은 돌기를 가진 철제만이 놓인다. 교차된 반쪽 테가 둥근 중심 테에 묶이는 곳에는 세 그룹의 원추형 철제물, 곧 코우복호(koubokho 또는 kholbogo)[1]가 있다. 중심 테 뒤에는 네 개의 고리로 된 쇠사슬이 길게 늘어지는데, 쇠사슬의 끝에 숟가락과 송곳처럼 생긴 소형 물건이 매달리게 된다.[2]

클레멘츠는[3] 이 모자를 금속제 머리띠(the metal diadem)라고 불렀다. 모자의 구조를 설명하면, 우선 머리에 둥글게 얹힐 철제의 중심 원형 테가 있고, 이 위에 역시 철제로 된 두 개의 볼록한 아치 모양의 테가 직각으로 서로 교차되어 있다. 그리고 길게 이어진 쇠사슬이 목덜미에서 발끝까지 내려 오게된다 — 우리는 이러한 모자에 대하여 단지 일부 여행가들의 저술이나 박물관에 소장되어 있는 소수의 유물에서 알 수 있을 뿐이다.

3. 말 모습 장대(모리니-코르보, morini-khorbo)는 바이칼 호수 부근의 모든 부리야트족에서 보이나, 발라간(Balagan) 지역의 부리야트족은 사용하지 않는다. 바이칼 지역의 샤먼은 제각기 두 개의 말 모습 장대를 갖는데, 나무나 철로 만든다. 그러나 철제의 말 모습 장대는 샤먼이 다섯 번째의 정화 의례를 끝낸 후에야 사용할 수 있다. 철제 모자의 사용도 이때에야 가능하다. 샤먼 후보자가 갖게 될 나무로 된 말 모습 장대는 첫 번째 정화 의례 전날에 샤먼들이 묻힌(무덤) 숲속의 자작나무로 만든다. 말 모습 장대를 만들 나무는 반드시 나무가 말라 죽지 않도록 조심해서 베어내야 한다. 나무가 말라 죽게 되면 샤먼에게는 매우 나쁜 징조이다.

말 모습 장대는 길이가 80 cm로서, 윗부분은 구부러져서 말 머리가 새겨져 있고, 중간은 말 다리의 무릎 관절 모습을 띠며, 맨 아래는 말굽이 조각되

1) 클레멘츠는 이것을 샴쇼르고라고 부른다. E. R. E., p.16.

2) Agapitoff and Khangaloff, 앞의 책, pp. 43-44.

3) E. R. E., p.16.

어 있다.

말 모습 장대에는 여러 소형 방울이(이중에서 한 개는 유난히 크다) 달려 있다. 이 밖에도 코우복호나 콜보고라고 불리는 원추형의 철제물, 청·백·황·적색의 리본 그리고 흰담비와 다람쥐 가죽의 가느다란 조각 등이 매달린다. 한편 말 모습 장대를 더욱 사실적으로 보이기 위하여 소형의 등자(발걸이)도 부착된다.

철제의 말 모습 장대는 목제로 된 것과 크게 다르지 않다. 다만 둘 다 샤먼이 상·하계로 여행할 때에 타고 다니는 말을 나타낼 뿐이다.

캉갈로프에 의하면 샤먼이 하늘로 날 때 타는 말은 북에 의해 상징화된다고 한다. 그러나 한편 캉갈로프는 부리야트족이 북을 거의 사용하지 않는다고도 말한 바 있다. 그가 보았던 유일한 북은 조그만 체만한 크기와 모양의 것으로, 말가죽으로 덮은 것이었는데, 이 말가죽은 가죽끈으로 북 뒷면에 묶여 있었다. 그는 북 겉면과 안쪽에서 모두 그림 같은 것은 보지 못했으나, 겉 표면에 하얀 칠이 되어 있는 것을 보았다.[1)]

클레멘츠에 의하면, 부리야트족은 케세(khese)라 부르는 북을 실제로 거의 사용하지 않으며, 오히려 그들 종족은 북 대신에 말 모습 장대를 일반적으로 사용한다고 한다. 또한 소형 방울도 때로는 케세라고 통칭한다고 한다. 그러나 몽골의 샤먼교도(shamanists)나 몽골화된 우리안카이족은 실제로 북을 사용한다.[2)]

부리야트족의 불교도는 예불에 북아메리카 인디언이 쓰는 것과 비슷한, 양면을 가죽으로 모두 덮은 북을 사용하기도 하고 때로는 한 면만 가죽으로 덮은 북을 쓰기도 한다. 이들 북에는 원형으로 북 테에 가죽 손잡이가 달려 있다.[3)]

클레멘츠는 이외에도 중요한 샤먼의 도구로 쿠르(khur)를 들고 있다. 이것

1) Agapitoff and Khangaloff, 앞의 책, pp.42-44.

2) E. R. E., iii, p.16.

3) Jochelson, *The Koryak*, p.59.

은 두 개의 핀 사이에 가느다란 철사 추가 있는 '소리굽쇠'(아마도 주스 하프를 가리키는 듯하다)로서 샤먼교도 사이에 매우 일반적으로 사용된다. 이것의 분포 지역도 대단히 넓어서 아무르강 수원지에서 우랄 산맥까지, 그리고 북극해에서 아래로는 타쉬켄트 지역까지가 포함되는데, 단지 악기로서 사용된다.[1)]

옛날에는 샤먼의 장화에 철제 판을 달았었으나, 요즈음에 와서는 쓰지 않는다.

아가피토프와 캉갈로프에 의하면, 올콘(Olkhon) 부리야트족 샤먼에게는 쉬레(shire)라 부르는 남다른 특색 있는 물건이 있다. 이것은 길이가 1미터, 깊이가 30센티미터 되는 상자인데, 각기 60센티미터씩 되는 네 다리로 세워져 있다. 상자에는 리본, 방울, 가죽 조각을 매달며, 상자의 긴 측면 한편에는 여러 형상들을 조각하거나 붉은 물감을 칠한다. 흔히 상자의 오른쪽에는 해를 그리고 왼쪽에는 달을 그린다. 해는 수레바퀴를 그려서 나타내며, 달의 가운데는 한 손에 나무를 들고 서 있는 사람 모습을 그린다. 상자의 긴 측면 한가운데에는 세 분의 하위신(여자 한 사람과 남자 두 사람)이 모셔지는데, 일 년에도 몇 차례씩 이들 신을 예배하기 위하여 술을 뿌린다. 또한 활이나 화살통 그리고 검과 같은 무기도 있으며, 모든 사람 형상 아래에는 반드시 말이 있다. 쉬레는 말 모습 장대, 북 그리고 다른 의례용 도구들을 보관하는 데 쓰인다. 샤먼은 다섯 번째의 정화 의례를 마쳐야만, 쉬레를 운반할 수 있는 권리를 부여받는다.[2)] 클레멘츠에 의하면,[3)] 쉬레의 높이와 여러 치수는 아홉 번째의 정화 의례에 이르게 될 때까지 매번 점차 커진다고 한다.

닐Nil은[4)] 두 개의 샤먼 도구를 소개한다: 아바갈데이(abagaldey)는 가죽이나 나무 그리고 금속으로 만들어진 괴물 모습의 가면인데, 여기에 색깔이 칠

1) E. R. E., 같은 책.

2) Agapitoff and Khangaloff, pp.43-44.

3) E. R. E., 같은 책.

4) 야로슬라브(Yaroslay)의 대주교(*Buddhism in Siberia*, 1858).

해지고 턱수염이 치장된다. 또 하나는 톨리(toli)라고 하는 금속제 거울로, 여기에는 12마리의 짐승 그림이 있다. 이것은 목에 걸기도 하고 가슴에 달기도 하지만, 때로는 샤먼 코트에 꿰매어 단다.

부리야트족 샤먼은 간혹 방울 달린 채찍을 사용할 때도 있으나 요즈음에 와서는 대체로 사라져 가는 상황에 있다.

단지 시베리아 일부에 살고는 있지만 신시베리아족에 속하는 두 종족, 즉 사모예드와 핀계의 종족이 사용하고 있는 샤먼의 의상 도구를 몽골족, 투르크족, 퉁구스족 샤먼의 것과 비교하여 검토하는 것은 매우 흥미로운 일이다.

타디베이(tadibey)*의 가장 중요한 소지품은 펜저(penzer)라 불리는 북인데, 이것은 특별한 제작 규정에 따라서 만들어야 한다. 그는 순록의 어린 수컷 새끼를 손수 죽여서는 혈관이 남아 있지 않도록 가죽을 준비한다. 이러한 준비를 할 때 인카(inka, 예컨대 부녀자)는 부정하다고 생각되기 때문에 샤먼을 도울 수 없다.[1)]

금속제 원판과 판으로 장식된 북은 얇은 순록 가죽으로 덮어 씌우는데, 크기는 여러 가지지만 모양은 보통 둥글다. 카스트렌이 보았던 가장 큰 북은 직경이 거의 60센티미너나 되며, 높이는 75센티미터쯤이었다.[2)]

핀쉬 박사의 설명에 따르면, 사모예드족과 옵-오스챠족의 북은 알타이족의 것과 비슷한 것으로, 모양은 둥글고 넓은 테를 가졌으며 한편 가죽은 북의 한 면만 씌웠고, 직경은 30~50cm가 된다고 한다.

삼부루지아(samburzia)라 부르는 샤먼 코트는 부드러운 섀미 가죽으로 만들었고, 여기에 붉은 천으로 장식 하였다. 샤먼의 눈과 얼굴은 한 조각의 헝겊으로 가리는데, 이것은 타디베이가 그의 내적인 시력으로 정령의 세계를 투시해 볼 수 있다고 믿기 때문이다. 그래서 모자 대신에 얼굴을 가린 헝겊이 흘러내리지 않도록 머리를 묶는 두 개의 띠를 사용하기도 한다. 가슴에는 철

---

* 사모예드족의 샤먼 호칭.

1) V. Islavin, *The Samoyed*, 1847, pp.112-113.

2) Castren, *Reiseerinnerungen aus den Jahren 1838~1844* (Petersburg, 1853), p.192.

제 원판을 매단다.[1]

일부 지역의 타디베이는 챙이 있는 모자를 쓰기도 하며, 가죽 코트에는 여러 가지 색깔의 헝겊 조각과 소형 방울 그리고 쨍그랑거리는 작은 장신구들을 매단다. 이러한 장식물들을 설치하는 데 있어서, 7이란 숫자는 중요한 역할을 한다.[2]

랩족(Lapp)의 북, 카누스(kannus) 혹은 크봅다스(kyobdas)는 지금은 단지 골동품을 애호하는 사람들의 호기심밖에 끌지 못하지만, 과거에는 가장 중요한 역할을 하였다.[3] 북은 가능하면 양지에서 자란 자작나무나 소나무로 만드는데, 그래야만 북이 해와 선한 정령들에게 용납될 수 있다. 북에는 두 종류가 있다. 하나는 나무로 둥글게 테를 만들고, 안쪽에는 두 개의 나무 막대기를 십자로 교차시켜 버팀목을 만들고 가죽을 씌운 것이다. 다른 하나는 달걀 모양의 평평한 통으로, 나무의 몸통을 깊숙하게 파내어 여기에 가죽을 덮어 만든 북이다. 이 북에 장식되는 가장 중요한 것은 붉은 물감으로 그린 그림이다. 그림의 주제는 선령, 악령, 해, 별, 동물, 호수, 삼림, 사람이 된다. 또한 상계와 하계를 명확히 구분한다. 여러 상징적인 형상들 중에는 노이다(noyda)*의 모습도 보인다. 모든 북마다 조그만 펜던트가 달린 금속제 원형 테가 있으며, 북채는 순록의 뿔을 사용한다.

랩족은 북에 대단한 주의를 기울여서, 북과 북채를 쓰지 않을 때에는 털가죽으로 곱게 싸서 보관해 두는데, 어떠한 여성도 감히 북을 만질 수 없다.

1) 같은 책, p.192-193.
2) Islavin, 앞의 책, p.113.
3) Schefferus, *Lappland* (Königsberg, 1675), p.137, &c.
* 랩족의 샤먼 호칭.

제5장 샤먼의 의례

병을 고치고 질문에 적절한 답변을 해주며 그리고 점 따위의 일에 종사하는 전문가로서의 샤먼의 의례 행위는 고시베리아족의 종족들 사이에서는 매우 대동소이하기 때문에, 우리는 단지 몇 개의 전형적 보기만을 본 장에서 소개할 것이다. 그리고 다음에는 신시베리아족의 경우도 동일한 방식으로 서술한다.

A. 고시베리아족

코리약족　이들의 직업적 샤머니즘은 가장 원시적인 단계이며, 또한 동시에 유럽 문화의 영향 때문에 많이 쇠퇴하였다.

요헬슨은 그가 보았던 샤먼 의례에 대하여 다음과 같이 말한다:[1] '나는 이곳에 머물고 있었을 동안, 두 명의 샤먼을 만나 볼 기회가 있었다. 둘 다 젊은 사람이었는데, 그들은 친척들로부터 어떤 특별한 존경도 받지 못했다. 그리고 가난해서, 부잣집의 머슴 노릇을 하였다. 그중 한 샤먼은 알루터(Alutor) 지역 출신의 해안 코리약족(a Maritime Koryak) 사람이었는데, 그는 코리약

1) Jochelson, *The Koryak*, p.49.

족 상인들과 함께 카멘스코예(Kamenskoye) 마을에 오고는 하였다. 그는 수줍음을 잘 타는 청년으로, 그의 외모는 다소 거친 듯했지만 연약해 보였고, 눈에는 빛이 나는 상냥한 청년이었다. 내가 그에게 샤먼의 기술을 한 번 보여 달라고 요구하자, 그는 다른 샤먼들과는 달리 주저하지 않고 응낙하였다.

사람들이 샤먼이 그의 주인과 머물렀던 지하 가옥의 기름 램프의 불을 모두 꺼버렸다. 몇 개의 석탄 덩이가 난로에서 활활 타오르고 있을 뿐, 집 안은 거의 캄캄한 상태였다. 나와 내 부인이 앉아 있는 데서 그리 멀지 않은, 그리고 방문객을 위해 좌석이나 침대로 이용하는, 집의 앞 부분에 세워 둔 넓은 단상에서 우리는 일반적인 털 많은 순록 가죽 셔츠를 입고 그 단상을 덮고 있는 순록 가죽 위에 쪼그리고 앉아 있는 샤먼을 식별할 수 있었다. 그의 얼굴은 타원형의 큰 북에 가려 있었다.

'드디어 그는 부드럽게 북을 치면서 낭랑한 목소리로 노래를 부르기 시작하였다. 점점 북은 힘차게 두들겨 졌다. 우리는 그의 노래 속에서 샤먼의 수호신들인 늑대의 울음소리, 논병아리의 신음 소리, 다른 동물의 울음소리를 들을 수 있었다. 그런데 이들 소리는 내가 앉아 있는 데서 가장 가까운 구석에서, 혹은 그 정반대의 구석에서, 그리고 때로는 집 안의 가운데나 천장에서 들리는 듯하였다. 그는 능숙한 복화술자였다. 이러한 기술을 가진 샤먼은 특별한 능력을 가진 것으로 믿어진다. 또한 북소리도 내 머리 위에서, 발 밑에서, 등 뒤에서, 그리고 앞에서 나는 것 같았다. 그렇지만 나는 아무것도 볼 수 없었다. 내가 보기에 샤먼은 가죽신을 신고, 단상 위를 소리 없이 살며시 돌아다녔는데, 어느 정도 뒤로 물러 나갔다가는 다시 가까이 다가오며, 또 가볍게 뛰며, 그리고 뒤꿈치를 대고는 웅크리고 앉는 것 같았다.

갑자기 북과 노래 소리는 멈추었다. 여자들이 몇 개의 램프에 불을 붙였을 때, 샤먼은 의례를 거행하기 전에 앉아 있던 흰 순록의 가죽 위에 완전히 지쳐서 누워 있었다. 읊는 듯한 샤먼의 마지막 말은 그가 불렀던 정령이 하는 말 같았으며, 그는 드디어 질병이 마을을 떠났고 다시는 돌아오지 않을 것이

라고 단언하였다.'

또 다른 샤먼 의례가 요헬슨의 요청에 의해 거행되었는데, 이번에는 그가 안전하게 집으로 되돌아갈 수 있을 것인가를 점치기 위한 것이었다. 의례 중에[1] 샤먼은 갑자기 요헬슨에게 "정령이 칼을 가지고 내 자신을 베라고 하는데, 당신은 무서워하지 않겠지?"라고 말하며, 칼을 부탁했다.[2] 요헬슨은 잠시 주저하다가 단도 같이 생긴 날카로운 여행용 칼을 샤먼에게 주었다. 텐트 속 램프의 불은 꺼졌지만, 텐트 천을 뚫고 들어오는 극북의 봄밤, 희미한 빛은 샤먼의 움직임을 보기에 충분하였다. 그는 칼을 쥐고는 북을 치며 노래를 하였다. 그리고 정령에게 명령을 수행할 준비가 되었음을 이야기하였다. 잠시 후에 그는 북을 팽개쳐 버리고, 목에서 방울 소리를 내면서 칼을 자기의 가슴에 칼자루 끝까지 푹 찔렀다. 그러나 나중에 샤먼의 재킷을 열어 보니까, 그가 칼 끝의 방향을 아래쪽으로 향해 안전하게 바꾼 것을 확인할 수 있었다. 이윽고 그는 칼을 가슴에 찌를 때와 똑같이, 목에서 방울 소리를 내면서, 칼을 뽑아내고는 다시 북을 치기 시작하였다.[3] 샤먼은 요헬슨에게 칼을 돌려 주면서, 자기가 훌륭한 여행을 했었다고 말하며, 코트의 구멍을 통하여 그의 몸에서 난 피를 보여주었다. '물론 이 핏자국은 샤먼이 이미 전에 만들어 놓은 것이다'라고 요헬슨은 말한다.[4] 그러나 '이것을 단순한 속임수로 생각할 수는 없다. 다른 사람의 눈에 보이지 않는 실제의 상처가(이 상처는 정령이 요구하여 생긴 것이다) 자신의 몸에 있다고 샤먼은 믿고 있는데, 샤먼의 의식과 같은 원시 의식(consciousness) 속에는 단순한 상상 속의 사건과 현실의 가시적인 사건이 혼동되기도 한다. 하지만 보통의 코리약족 사람들은 샤먼이 실제로 자기 자신을 칼로 베었지만, 그 상처는 곧 나았다고 굳게 믿는다.'

---

1) 같은 책, p.51.
2) 같은 책.
3) 같은 책, p.52.
4) 같은 책.

축치족 보고라스에 의하면,[1] 전형적인 샤먼 의례는 밤에 골방에서 거행되는데, 이 방은 순록 축치족에서는 특히 조그맣다고 한다. 흔히 이러한 의례가 거행되기에 앞서, 낮에 실외에서 공동 의례의 성격을 띈 의례가 베풀어진다.

북이 조여지고 축축히 젖게 되면, 샤먼은 허리통까지 벌거벗고 의례를 시작한다.

현재 축치족 샤먼은 강한 마취성의 담배를 가득 채운 파이프를 피는데, 이것은 퉁구스 샤먼을 모방한 것이다.

샤먼은 북을 치며 노래를 부른다. 처음에는 느리게, 그러다 더욱 빠르게 한다. 샤먼의 노래에는 가사도 없고 순서도 없다. 청중들이 의례에 참여하여 실제로 하는 일은 없지만, 그들은 매우 원시적인 '합창'을 함으로써 샤먼을 돕는다. 청중의 잦은 탄성은 샤먼의 의례 행위를 북돋아 준다.

오시트콜린(ocitkolin, '소명에 응답된', 분사로 쓰임) 없이 축치족 샤먼은 그의 직책을 적절히 수행할 수 없다고 생각한다. 그래서 샤먼 의례를 배우기에 열심인 샤먼 후보자는 항상 그의 형제나 자매로 하여금 응답하도록 시킨다. 이렇게 하여 샤먼 의례자의 열성을 북돋아 준다.[2]

'아시아의 에스키모족(Asiatic Eskimo)에서는 한 가정의 부인과 나머지 식구들은 일종의 합창단을 구성하는데, 그들은 때때로 곡조를 배워 익혀서는 샤먼과 함께 노래한다. 콜리마강 하류 지역의 러시아화된 유카기르족에서 부인은 또한 샤먼인 남편의 보조자로서, 의례 중에 부인은 남편에게 격려의 응답을 보내며, 그리고 남편은 부인을 "보조원(supporting staff)"이라고 호칭한다.'[3]

켈렛(kelet)이 샤먼에게 올 경우에, 샤먼은 복화술의 구사 능력에 따라서 다른 방식으로 행동한다.

만일 샤먼이 복화술 구사 능력이 없다면, 켈렛은 샤먼의 몸을 통해서 노래

---

1) *The Chukchee*, p.433.

2) 같은 책, p.434.

3) 같은 책, p.435.

하며 북을 칠 것이며, 다만 샤먼의 목소리만 변할 것이다. 그러나 그가 복화술자라면, 켈렛은 '별개의 목소리'로서 나타날 것이다.

보고라스에 의하면, 샤먼은 자신의 명예를 걸고 문명국가의 뛰어난 샤먼 의례의 연희자와도 경쟁할 수 있다고 한다. 샤먼의 목소리는 여러 가지 소리를 훌륭히 묘사해 낼 수 있다. 인간, 초인간, 동물 심지어는 폭풍과 바람, 메아리 그리고 방안의 사방에서(밖에서, 위에서, 지하에서) 나는 목소리 등을 흉내 낼 수 있다. 때때로 자연 전체가 이 조그만 축치족의 방 안에서 재현될 수도 있다.

그러고 나서 정령은 말하기 시작하든지 혹은 파리처럼 붕붕 소리를 내면서 떠나간다. 정령이 머물고 있는 동안 인간의 언어로 말할 수 있는 늑대, 여우, 갈가마귀가 아닌 다른 동물이 된다면 그 자체의 언어로 말하면서 격렬하게 북을 친다. 하지만 그 동물의 소리에는 독특한 음색이 있다.

대개의 경우 나타나는 정령은 하나만이 아니다. 그래서 이러한 의례의 부분은 대화극이라고 불러도 좋을 만한 것이다. 샤먼은 자신이 쓰는 말을 때때로 이해할 수 없기 때문에, 샤먼의 말을 해석해 주는 사람이 필요하다. 곧 어떤 때는 샤먼이 코리약족, 야쿠트족, 유카기르족의 언어가 혼합된 정령의 말을 하기 때문에, 특히 코리마 지구의 러시아화된 샤먼과 원주민을 위해서 러시아어로 통역해야만 했던 경우도 있다.

요헬슨은 코리약족 출신의 정령을 갖고 있어서 정령이 샤먼의 몸을 빌려 코리약어를 말하는 마쉬카Mashka라는 별명의 한 퉁구스 샤먼에 대해 말한다: '나는 그에게 여러 차례 그의 정령이 말하는 것을 받아쓰게 해달라고 부탁을 했는데, 그럴 때마다 샤먼은 자기 자신은 정령의 말을 기억하지 못하며, 샤먼 의례가 끝나면 모든 일을 잊어버린다는 것이었다. 더구나 정령이 쓰는 말을 이해하지 못한다고 말하였다. 처음에 나는 샤먼인 그가 속이고 있다고 생각했지만, 그가 실제로 코리약어를 조금도 이해하지 못하고 있음을 몇 차례 확인할 수 있었다. 분명히 그는 흥분 상태에서만 말할 수 있는 코리약어

주문을 암기하여 배웠던 것이다.'[1]

'코리약족의 서북 지파支派는 "정령"이 특이한 발음을 구사하여 말을 한다고 믿는데, 이 발음은 축치족이나 동북코리약족 지파에서 사용하는 것과 유사하다고 한다. 또한 정령이 쓰는 몇 개의 낱말은 그들 코리약족에게 생소한 것이라고도 한다. 아시아의 에스키모족에서도 정령은 특수한 언어를 구사한다고 한다. 샤먼은 내게 특이한 많은 단어들을 들려주었는데, 그것들 중 대부분은 알래스카와 대서양 지역까지 퍼져 살고 있는 여러 아메리카 에스키모족들이 정령의 언어라고 알고 있는 것과 비슷하였다.'[2]

정령은 때로는 매우 해로운 존재이다. 순록을 치는 사람들의 이동식 텐트 속에서 어떤 보이지 않는 손이 모든 물건을 뒤집어 놓으며 눈이나 얼음 조각 같은 것들을 이리저리 던지기도 한다.

보고라스[3]는 다음과 같이 말한다: '청중은 조금도 "정령"과 접촉해서는 안 된다. 정령은 샤먼이 아닌 이러한 침입을 대단히 싫어하기 때문에 분노하여 샤먼을 그 자리에서 당장 죽여 버릴 수도 있고, 침입한 청중은 머리가 부서지거나 갈비뼈에 칼이 박히든가 하는 무서운 보복을 당한다. 나는 샤먼 의례가 행해질 때마다 이에 관한 주의를 익히 들어 왔다.'

샤먼은 '정령'과의 예비적인 접촉 후에 여전히 어둠 속에서 앞으로의 대책을 강구해주고 예언도 한다. 예컨대 보고라스가 참관했던 어느 샤먼 의례에서 샤먼 갈무우르긴은 샤먼 의례를 의뢰한 집주인에게 내년 가을에는 많은 야생의 순록이 집 문 앞에 가득할 것이라고 예언하였다고 한다. 이어서 샤먼은 말하기를 '한 마리의 수순록이 암회색 털을 가진 암순록에게 이끌려서는 출입구 오른편에 머물러 풀을 뜯을 것이다. 이러한 수순록의 유인은 특수한 주문의 도움을 받아야 한다. 그리고 수순록이 아직 출입구 오른편에 있는 동안, 마름모형의 촉으로 된 화살로 쏘아 죽여야 한다. 이렇게 해야만 앞으로

1) Jochelson, *The Koryak*, p.52.
2) Bogoras, *The Chukchee*, p.438.
3) 같은 책, p.439.

있을 모든 순록 사냥에서 성공을 보장받을 수 있을 것이다.'라고 하였다.[1)]

샤먼은 대개 정령과의 예비 면담 후에 의식을 잃고 땅바닥에 맥없이 쓰러지게 되는데, 이 동안에 그의 영혼은 정령들과 대화를 주고받으며, 또 정령들에게 앞으로의 대책을 부탁도 하며, 다른 세계에서 방랑도 한다. 오늘날 샤먼은 좀처럼 이 같은 기절은 하지 않지만, 예전에는 그러한 일들이 흔히 이루어졌다는 점을 샤먼들은 잘 알고 있다.

샤먼 의례가 일반 의례들과 관련되어 있을 경우 그들은 실외에서 거행한다. 이러한 때에는 복화술은 쓰이지 않는다. 그리고 켈레(kele)는 '악행에 열중하고, 무엇보다도 자신의 일시적인 권한 하에 있는 생명을 파괴하려고 애쓴다.'[2)] 샤먼은 낮에도 많은 속임수를 쓴다.

축치족 샤먼의 미망인인 어푼Upune은 대단히 훌륭한 샤먼의 능력을 가졌다. 그렇지만 그녀 자신은 남편이 가졌던 능력의 극히 일부분만을 가진 것이라고 고백하였다. 의례 중에 '그녀는 남자 주먹만 한 큰 둥근 자갈을 북 위에 올려 놓고는, 사방에서 입김을 불어대면서, 악령 켈레가 하던 짓을 흉내 내며 코웃음 치면서 돌을 우물우물 씹기 시작하였다. 이제 그녀는 자신의 몸에 켈레가 내려서 사람의 말을 할 능력을 잃어버렸다고 우리에게 신호해 주었다. 그리고는 두 손으로 자갈을 쥐어 짜기 시작하였다. 그러자 매우 작은 조약돌이 그녀의 손에서 줄지어 떨어지기 시작하였는데, 가죽 위에 조약돌 더미가 쌓일 때까지 5분이나 계속되었다. 그러나 큰 자갈은 고스란히 그대로 손상되지 않고 부드럽게 남아 있었다.'[3)]

보고라스의 요청에 그녀는 자신의 행동을 잘 보여주기 위하여 상체의 옷을 모두 벗어 버리고, 다시 한번 성공적으로 자갈돌 기술을 보여주었다. 샤먼 스스로가 칼을 가지고 자신의 배를 찌르는 행위는 샤먼 의례에서 매우 일반적이다. 즉, 캄차달족, 에스키모족, 축치족, 유카기르족 그리고 북아시아의 신

1) 같은 책, p.440.
2) 같은 책, p.442.
3) 같은 책, p.444.

시베리아족의 샤먼까지도 이러한 기술에는 능숙하다.

샤먼이 행하는 모든 기교를 여기에 일일이 설명하기는 어려운 일이지만, 가장 보편적인 것은 벌겋게 달군 석탄알 집어 삼키기,[1] 몸을 꽁꽁 묶은 밧줄을 풀어 버리기 등이다.

B. 신시베리아족

야쿠트족 고시베리아족의 샤먼 의례 방식과 비교하기 위하여 시에로스제프스키[2]가 서술한 야쿠트족의 샤먼 의례를 설명할 것이다. 시에로스제프스키는 '여러 샤먼 의례는 외면상 매우 일정한 형태를 지닌다'고 말한다. 앞으로 설명할 샤먼 의례는 '언제 어디서나 변하지 않는 샤먼 의례의 부분이며, 하나의 관습으로 인정되어서 말하자면 의례의 기초를 이루는 것이다.'

병을 앓는 환자가 있어서 샤먼을 부른 경우를 보면 다음과 같다: 샤먼은 유르타에 들어오자 곧 빌리릭 아곤(billiryk agon)*에 그를 위해 마련된 좌석에 앉는다. 그는 흰색의 암말 가죽 위에 누워서 샤먼화할 수 있는 시간인 밤을 기다린다. 그동안에 샤먼은 음식과 마실 것으로 푸짐한 향응을 즐긴다.

이윽고 해가 지고 땅거미가 지기 시작하면, 유르타의 의례 준비는 서둘러서 마치게 된다. 땅바닥은 깨끗이 치워지며, 나무는 베이고, 음식은 평소보다 훨씬 좋은 것으로 많이 장만된다. 이웃 사람들은 하나씩 도착하기 시작하여 남자는 오른편에, 여자는 왼편에 벽을 따라서 차례로 앉게 된다. 이들이 주고받는 대화는 각별히 신중하고 진지하며, 행동거지도 매우 점잖은 것이다.

야쿠트 지구의 북부에서는, 집주인이 가장 좋은 구두끈을 골라서 고리(loop) 형태를 만든 다음, 그것을 샤먼의 어깨에 놓고, 의례에 참석한 한 사람

1) Sarytcheff, *The Voyage of Capt. Sarytcheff's fleet along the N. E. Coast of Siberia, through the Polar Sea and the Pacific*, p.30.

2) Sieroszewski, *12 Lat w Kraju Yakutów*, 1902, p.639.

* 유르타 오른편의 귀빈석

이 춤을 추는 동안 고리를 잡아 준다. 이렇게 하여야 정령이 샤먼을 채가는 것을 방지할 수 있다. 드디어 모든 사람들은 저녁 만찬을 들게 되며, 이때 가족들은 잠시 휴식을 취한다. 빌리릭 가장자리에 앉아 있는 샤먼은 그의 머리다발을 천천히 풀면서, 중얼거리며 여러 명령을 내린다. 그는 때때로 몸 전체가 흔들릴 정도로 신경질적이며 인위적인 딸꾹질을 한다. 또한 그는 두리번거리지 않고 다만 불을 뚫어지게 쳐다볼 뿐이다.

불은 꺼지게 내버려 둔다. 점점 더 짙은 어두움이 방에 깔리게 되면 사람들의 말소리는 잠잠해지고, 다만 아주 조용히 속삭여서 말할 뿐이다. 그리고 참석한 사람들에게 다음과 같은 경고가 내려진다. 즉, 유르타 밖으로 나가기 원하는 사람은 누구든지 당장 나가야 한다. 곧 문은 닫힐 텐데, 그 후에는 아무도 유르타에 출입할 수 없기 때문이다.

샤먼은 천천히 그의 옷을 벗고 마법사 코트로 갈아 입는다. 만일 그 코트가 없다면 산기니아(sangyniah)라 부르는 여자 코트를 입는다.[1] 다음에 샤먼에게는 파이프가 주어지는데, 담배 연기를 마시면서 그는 한참 담배를 피운다. 그의 딸꾹질은 점점 커지고, 따라서 몸도 한층 더 떨리게 된다. 담배 피우기를 마치게 되면 샤먼의 얼굴은 창백해지고, 머리는 가슴에 푹 파묻어 버리며, 눈은 반쯤 감기게 된다.

이때 흰색의 암말 가죽이 방 한가운데 놓인다. 샤먼은 찬물을 청해서 마시고는 천천히 손을 뻗쳐서 준비된 북을 잡는다. 이윽고 방 가운데로 나아가서 오른편 무릎을 꿇고 사방을 향하여 경건히 인사하며, 그가 서있는 주변의 흙바닥에 입으로 물을 뿜어댄다.

이제 모든 것이 조용하다. 한 줌의 백마 털이 불 속에 던져지며, 불은 막 꺼져가고 있다. 빨갛게 달군 석탄알의 희미한 불빛 속에서 머리를 축 늘어뜨리고, 가슴에는 큰 북을 안고 있는 샤먼의 움직임 없는 검은 모습이 보인다. 샤

1) 그멜린은 샤먼이 유르타 안에서 입는 수놓은 특별한 스타킹에 대하여 언급한다(*Reise durch Sibirien*, pp.351~356).

먼의 머리는 그가 앉고 있는 암말 가죽의 머리가 그렇듯이 남쪽을 향해 있다.

어두운 땅거미에 이어 이제는 완전히 캄캄하게 되었다. 샤먼의 중얼거림과 딸꾹질 소리만 들릴 뿐, 사람들은 모두 숨을 죽이고 있다. 점점 더 깊은 침묵의 상태로 들어가게 된다. 갑자기 쨍그랑 하는 금속의 소리와 같은 외마디의 큰 하품이 정적을 깨뜨린다. 이어서 매의 찢어지는 듯한 울음소리 혹은 갈매기의 구슬픈 흐느낌이 들린다. 그리고 다시 침묵이 흐른다.

모기의 윙윙거리는 소리와 같이 잔잔하게 둥둥거리는 북소리만이 샤먼이 이제 의례를 시작하려는 것을 알려주고 있다.

이 음악은 처음에는 감미롭고 부드럽게 또 미묘한 느낌을 주다가, 나중에는 다가오는 폭풍처럼 견딜 수 없을 만큼 거칠게 연주된다. 마침내 음악은 천둥소리와 같이 점점 커져서, 그 소리는 공기를 찢는다. 즉, 까마귀는 우짖고, 논병아리는 웃으며, 갈매기는 슬픈 소리를 내며, 도요새는 지저귀며, 독수리와 매가 날카롭게 소리를 지르는 것 같다.

음악[1]은 바야흐로 최고의 절정에 이르며 북소리도 점점 격렬하게 되어가서는, 오랫동안 지속되는 크레센도 속에서 화합하게 된다. 수많은 방울들이 딸랑거리고 땡그렁거리고 매우 요란하다. 방울 소리는 폭풍은 아니고 작은 폭포 소리 같지만 능히 청중들을 압도한다. 갑자기 한두 번의 쿵 하는 북소리가 침묵을 깨뜨린다. 그리고 지금까지 북을 높이 들고 치다가, 이제 샤먼의 무릎에 내려 놓는다. 갑자기 북과 작은 방울소리가 멈춘다. 한동안 정적이 흐르며, 그 사이에 모기 소리 같은 북의 둥둥거림이 다시 시작될 뿐이다.

이러한 일들은 샤먼이 받는 영감의 정도에 따라서 몇 번이고 되풀이할 수 있다. 그러나 마지막에 새로운 리듬과 곡조의 음악이 연주되면, 샤먼은 다음과 같은 단편적이고 애매한 가사의 노래를 부른다:

1. '힘센 땅 위의 황소 … 초원의 말이여!'

2. '나, 힘센 황소 … 으르렁!'

---

1) Sieroszewski, 앞의 책, p.641.

3. '나, 초원의 말 … 히히힝!'

4. '나, 모든 것 위에 군림하는 사람이여!'

5. '나, 전능한 사람이여!'

6. '나, 전지전능한 신이 창조한 사람이여!'

7. '초원의 말, 나타나라! 나를 가르쳐라!'

8. '마력을 가진 땅 위의 황소, 나타나라! 내게 말하라!'

9. '힘 있는 창조주, 명령하십시오!'

10. '너희들 모두 나와 함께 갈 것인데, 너희 귀를 조심하여라! 내가 명령하지 않은 사람들은 나를 따르지 말아라!'

11. '허용한 것보다 더 이상 접근하지 말아라! 유심히 쳐다봐라! 조심해라! 주의해라!'

12. '조심하여 쳐다봐라! 너희들 모두 이것을 하여라 … 함께 … 모두, 그러나 네가 할 수 있는 한 많이!'

13. '당신 왼편에 앉은 이여, 당신의 부하를 거느린, 오! 부인이여! 어떤 일이라도 잘못 되었다면, 내가 올바른 길을 택하지 않았다면, 간청하오니 — 나를 꾸짖어 주십시오! 명령하십시오!'

14. '나의 실수와 나의 길을 보여 주십시오! 오! 나의 어머니! 자유롭게 날아가십시오! 나의 넓은 길을 닦아주십시오!'

15. '태양의 영혼들, 태양의 어머니들, 남쪽 아홉 개의 숲이 우거진 언덕에 사는, 질투 많은 당신들 … 당신께 모든 것을 간청하오니 … 그들을 머무르게 하시며 … 당신의 세 영혼을 높이 세우십시오!'

16. '동쪽의 산에 살고 있는 내 조상인 님이여, 대단한 힘과 두꺼운 목을 가진 이여 — 나와 함께 해주십시오!'

17. '당신 회색 수염의 마법사[불]여, 그대에게 부탁합니다. 모든 나의 꿈으로, 모든 충성심으로! 나의 바라는 것을 허락해 주십시오 … 모두 조심해라!

모두 이룩해라! … 모두 조심하라! … 모두 이룩해라!'[1]

이때 북소리, 거칠은 외침소리 그리고 의미없는 말들이 다시 한번 들리고는, 곧 사방이 조용해진다.

위에서 본 것과 비슷한 신에 대한 간청은 모든 야쿠트 지구에서 보이며, 모든 의례 역시 이러한 간청으로 시작된다. 그러나 한편 더욱 오래 지속되며 복잡한 또 다른 의례 방식도 있는데, 시에로스제프스키는 그러한 의례를 볼 기회가 없었다고 한다. 이 방식에 따른 의례는 각 사람과 경우에 따라서 적절하게 즉흥적으로 진행된다.

샤먼은 기도를 계속하면서 그의 에뫼그얏과 여러 수호신에게 말을 한다. 그는 칼리아니에게 질문도 하며, 수호신의 이름으로 응답도 받는다. 정령이 오기 전까지 샤먼은 때로는 오랜 동안 기도하며 북을 쳐야만 한다. 정령은 흔히 갑자기 성급하게 나타나기 때문에, 샤먼은 충격을 받아 기진맥진해서는 쓰러지게 된다. 이때 얼굴을 앞으로 하고 쓰러지면 좋은 징조이며, 반면에 등으로 쓰러지면 나쁜 운수이다.

에뫼그얏이 샤먼에게 내려오면, 그는 일어나서 뛰고 춤추기 시작하는데 처음에는 가죽 위에서 하다가 점점 몸의 동작이 빨라지면 미끄러지듯이 방 가운데로 나온다. 불 속에는 나무단이 쉴 새 없이 쌓이며, 불빛은 유르타에 퍼져 나간다. 방안은 이제 소음과 몸동작으로 충만하게 된다. 샤먼은 부단하게 춤추고 노래하며 북을 치면서, 머리 방향을 남쪽으로, 서쪽으로, 그리고 동쪽으로 바꿔가면서 뛰어다닌다. 샤먼을 가죽끈으로 붙잡고 있는 사람은 샤먼의 몸동작을 조절하기에 대단한 곤란을 겪게 된다. 그러나 야쿠트 지구 남부에서 샤먼은 아무 속박도 받지 않고 자유롭게 춤춘다. 실제로 샤먼은 가끔 더욱 자유로이 춤추기 위해서 북까지도 팽개쳐 버린다.

샤먼의 머리는 숙여져 있고, 눈은 반쯤 감겨 있고, 머리는 헝클어진 채로 뒤범벅 되어 있고, 땀에 흠뻑 젖은 얼굴도 지저분한 채 그대로다. 입은 이상하

1) Sieroszewski, 앞의 책, pp.641~642.

게 삐뚤어져서, 침을 턱 밑으로 질질 흘리며, 흔히 입에서 거품도 내뿜는다.

그는 북을 치면서 앞으로 나아갔다가 뒤로 물러나가며 방 안을 돌아다닌다. 북소리는 샤먼의 우렁찬 목소리만큼이나 매우 거칠게 울려 퍼진다. 그는 쨍그렁거리는 방울 달린 코트를 흔들며, 점점 광란의 상태로 빠져들어 가서는, 소음과 몸동작으로 완전히 취하게 된다.

그의 광란은 파도처럼 높아졌다 가라앉았다 한다. 한동안 그는 이러한 광란의 상태에 있다가, 이윽고 북을 머리 위로 높이 들고, 장엄하고 조용하게 노래로 기도하면서 정령을 부른다.

마침내 샤먼은 자신이 알고 싶어했던 모든 것, 즉 재앙이나 질병의 원인을 알아냈다. 그는 정령이 도와줄 것을 확신한다. 샤먼은 빙빙 돌면서 춤을 추며, 노래하고 놀다가 환자에게 다가선다. 그는 질병의 원인을 입으로 환부에서 빨아내든지 혹은 협박하여서 쫓아낸다. 그리고는 방 가운데로 되돌아와서 침을 뱉고 후후 불면서 질병을 퇴치한다. 그는 환자한테 들어온 정령의 하수인을 엄하게 처리하기 위해서, 대단한 힘이 있는 정령들에게 어떠한 희생물을 바쳐야 하는지 알고 있다.

그리고 샤먼은 손으로 눈을 가리고 방구석마다 주의 깊게 살피면서, 의심스러운 것이 발견되면 다시 북을 치며 아주 무서운 몸짓의 춤을 추고는 정령들에게 간청한다.

마침내 모든 것은 깨끗하게 되어서 의심스러운 기색은 더 이상 찾아볼 수 없는데, 이것은 문제의 원인이 해결되었음을 의미한다. 이제 기도와 더불어 희생 제의가 올려지는 것으로 의례는 끝이 난다.

샤먼은 의례 후에도 얼마 동안은 예언의 능력을 갖는다. 그는 여러 가지 일어날 사건에 대하여 예언하며, 이러저러한 물음에 답변도 해주며, 우주여행 때에 본 것을 이야기해 준다.

마지막에 샤먼은 암말의 가죽을 가지고 그를 위해 마련된 빌리릭의 좌석

으로 되돌아간다.[1)]

정령들에게 바쳐지는 희생물은 상황의 중요성에 따라서 달라진다. 때때로 질병은 가축에게 옮겨지는데, 병에 걸린 가축은 천신에게 제물로 바쳐진다.[2)] 그리고 정령, 희생 동물과 함께 하는 천계의 여행은 춤으로 상징화된다. 원주민의 설명에 의하면, 옛날에는 실제로 하늘로 올라갔던 샤먼이 있었다고 한다. 샤먼이 북을 빠르게 친 후에 희생 동물은 구름에 업혀서 둥둥 떠오르는 것을 구경꾼들은 보았고, 곧 이어 샤먼 자신도 마법사의 코트를 입고 하늘로 올랐다고 한다.[3)]

또한 실제의 동물 대신에 암말의 모습을 한 구름을 하늘로 가져가는 사악하고 힘 있는 샤먼이 있다고도 하지만, 이러한 샤먼이 있었다는 증거는 확실하지 못하다.

이 어렵고 위험한 천계 여행 동안에 모든 샤먼은 오우오크(ouokh 또는 olokh)라 불리는 휴식처를 갖는다. 샤먼이 춤추다가 좌석에 앉으면 오우오크에 이르렀다는 것을 상징화하며,[4)] 일어서면 하늘 더 높이 올랐다는 것을 뜻하며, 넘어지면 지하 세계에 있다는 것을 나타낸다.

모든 샤먼은 이전에 더 멀리 천계 여행을 했던 경험이 있기 때문에, 그가 어느 오우오크에 위치하고 있으며, 그 순간에 샤먼 의례를 거행하고 있는 다른 샤먼이 취하고 있는 길에 대해서도 알고 있다.

때때로 정령과 희생 동물을 천계로 인도하기 위해서는 몇 달 간격으로 별개의 의례가 거행되는데, 이때 제물에 대한 약속을 하게 된다. 샤먼이 분노와

---

1) Sieroszewski, 앞의 책, p.644.

2) 트로쉬챤스키는 다음과 같이 말한다(p.105): '아바시는 그가 탈취했던 인간의 영혼 굿(kut)을 대신하여, 동물의 영혼 굿도 받아들인다. 항상 인간의 영혼을 포획했던 정령과 인간의 대표자 사이에는 빈틈없는 계약이 (샤먼을 통하여) 성립되는데, 대개는 정령이 자신의 요구 조건을 다소 포기하는 것이다.'

3) Sieroszewski, 앞의 책, p.645.

4) 야쿠트족의 사회 및 종교 체계를 특징 짓는 사물의 9분법에 따라서 이 오우오크도 아홉 개가 있다고 한다(Sieroszewski, 앞의 책, p.472).

격정으로 동물을 갈기갈기 찢으면, 피 흘리는 희생 제의가 올려지며, 기름이나 고기 덩어리, 털과 같은 여러 물건이 준비될 때에는 피를 흘리지 않는 제의가 이루어 진다.

사모예드족(Samayed)　톰스크(Tomsk) 정부 하의 사모예드족 샤먼 의례에 대하여는 카스트렌Castren의 다음과 같은 서술이 있다.[1)]

샤먼은 유르타에 도착하면 긴 의자에 앉거나, 상처를 내는 어떤 도구도 들어있지 않은 상자 위에 앉는다. 샤먼은 아무것도 보이지 않고 들리지도 않는 척하면서 문을 향해 바라보고 있다. 그는 오른손에 신비스러운 상징이 새겨져 있는 짧은 지팡이를 들고 있고, 왼손에는 두 개의 화살을, 촉을 위로 하여 들고 있다. 화살 끝에는 모두 조그만 방울이 매달려 있다. 그의 의상에는 샤먼 의상의 특징적인 점이 아무것도 없다. 그는 항상 탐험가나 환자의 코트 따위를 입는다. 의례는 정령을 부르는 노래로 시작한다. 모든 구경꾼들이 두려워서 숨을 죽이고 있는 동안, 샤먼은 지팡이로 화살을 쳐서는 방울들이 일정한 리듬 속에 딸랑딸랑 울리게 한다. 정령이 나타나면 샤먼은 일어나서 춤추기 시작한다. 춤에는 매우 복잡하고 어려운 몸동작이 수반된다. 춤추는 동안에도 딸랑거리는 방울의 리드미컬한 소리는 결코 그치지 않는다. 샤먼의 노래는 일종의 정령과의 대화로 이루어 지는데, 흥분과 열정의 정도에 따라서 노래의 억양은 달라진다. 샤먼의 열정이 극에 달하면 의례에 참석한 모든 사람들은 같이 노래를 부른다. 샤먼은 그가 알고자 했던 것을 정령에게서 알아내면, 그것을 사람들에게 전달해 준다. 샤먼은 미래에 대한 예언을 하게 될 때는 지팡이를 사용하는데, 지팡이를 땅 위에 던져서 신비스러운 상징이 새겨진 면이 위로 향하여 떨어지면 좋은 징조로 삼고, 반대 면으로 떨어지면 나쁜 재앙이 나타날 것으로 생각한다.

샤먼은 자신의 능력을 증명하기 위해서 다음과 같은 방법을 사용한다. 샤먼은 순록 가죽 위에 앉는데, 그의 손과 발은 꽁꽁 묶인다. 방은 칠흑처럼 캄

1) Castren, *Reisebericte und Briefe, 1845~1849*, pp.172-174.

캄하다. 이윽고 여러 소음이 정령을 부르는 샤먼의 소리에 대답하는 것처럼 유르타 안팎에서 들린다. 곧 북의 둥둥거리는 소리, 곰의 으르렁거리는 소리, 뱀의 솨 하는 소리, 다람쥐의 찍찍거리는 소리가 들리며 샤먼이 앉은 순록 가죽에는 누군가 할퀸 신기한 자국도 보인다. 그 사이, 샤먼은 손발을 묶은 끈을 풀고 속박에서 벗어난다. 그리고 사람들은 모두 그들이 들었던 소리는 정령이 낸 것이라고 확신한다.

알타이족(Altaians) 알타이 지방 투르크 종족(Turkic tribes)의 캄(Kams, 샤먼)은 매우 완벽하게 고대 샤머니즘 의례를 보유하고 있다. 포타닌[1]은 안구데이(Anguday)에서 6베르스타* 떨어진 탈다(Talda) 강변에 사는 엔추Enchu라는 젊은 샤먼의 의례에 대하여 대단히 인상적인 서술을 하였다. 이 샤먼의 의례는 4단계로 나누어지는데, 각 단계는 샤먼의 여러 다른 자세에 의하여 특징지어 진다. 첫 번째는 샤먼은 앉아서 불을 바라보고 있다가, 두 번째는 등을 불 쪽으로 향하고 일어서 있다. 세 번째는 일종의 중간 과정으로, 샤먼은 북 위에 팔꿈치로 평형을 유지하면서 몸을 괴며 휴식을 취한다. 이때 정령과의 교섭을 통해서 배운 것을 이야기한다. 네 번째는 마지막 샤먼 의례로서, 등은 불 쪽으로 향하며 얼굴은 항상 북이 매달려 있는 곳을 향한다. 나중에 엔추는 자신이 등을 불 쪽으로 향하고 서서 의례를 거행하고 있는 동안에 어떤 일이 일어났었는지 기억할 수 없었다고 말하였다. 그가 불 쪽으로 등을 향하고 있는 동안, 발은 조금도 움직이지 않고 제자리에서 미친듯이 뱅글뱅글 돌고 있었는데, 더구나 몸의 회전에도 구애받지 않고 엉덩이로 쪼그리고 앉았다가 다시 곧은 자세로 일어나곤 하였다. 샤먼이 반복해서 기운찬 행동으로 앉았다 일어서며 전후 좌우로 옮겨 다니는 동안, 코트에 매달은 마니약(manyak)은 이리저리 격렬하게 흔들리고 있는데, 이것이 공중에서 반짝거리는 둥근 선을 그린다. 이와 동시에 샤먼은 북을 계속하여 치는데, 여러 다

---

1) Potanin, *Sketches of N. W. Mongolia*, vol. iv, pp.60~62.

* verst는 러시아의 거리 단위로서 1km 남짓 함.

른 소리를 내기 위하여 다양한 형태로 북을 잡고 친다. 엔추는 간혹 북을 머리 위로 수평이 되게 높이 쳐들고는, 밑에서 북을 치곤 한다. 안구데이 지역의 원주민이 포타닌에게 설명한 바에 의하면, 샤먼이 그러한 자세로 북을 치는 것은 북 안에 정령들을 집어넣기 위한 것이라고 한다. 때때로 샤먼은 분명히 가까이 있는 어떤 사람과 웃기도 하며 이야기도 나누는데, 다른 사람들에게는 전혀 보이지 않는다. 이것은 샤먼이 정령과 사귀고 있음을 나타내는 것이다. 언젠가 엔추는 매우 조용하게 노래를 부르기 시작하면서, 동시에 북으로 말발굽 소리를 흉내 내었다. 이것은 샤먼이 그의 정령들과 함께 암흑의 신인 지하 세계의 에릭(Erik)을 향해 떠나고 있음을 알려주는 것이다.

포타닌은 러시아의 선교사인 치발코프Chivalkoff에게서 지하 세계로의 여행에 관한 다음과 같은 이야기를 들었다.

캄은 남쪽을 향해 길을 떠난다. 그는 알타이 산맥과 중국 사막의 붉은 모래땅을 뚫고 지나가야만 한다. 그리고 또한 까치도 가로지를 수 없는, 그러한 황색 빛깔의 스텝 지대를 통과하는 것이다. 캄은 그의 노래에서 '노래 부르면서 이 지역을 통과할 것이다.'라고 한다. 황색의 스텝 지역 다음에는 까마귀도 지날 수 없는 '옅은 색'의 스텝 지대가 나타난다. 여기서 상상의 여행을 하고 있는 샤먼은 다시 한번 희망과 용기로 가득한 노래를 부른다. 이윽고 샤먼은 하늘에 기대어 있는 타미르 샤하(Tamir Shayha)의 철 산맥(iron mountains)에 이른다. 캄은 이러한 장벽을 뛰어넘기 위하여, 그를 수행하는 정령들에게 일심으로 단결하여 뭉친 힘을 가질 것을 권유한다. 그는 이러한 통로를 거치는 것이 얼마나 힘든 일인가에 대하여 설명하며, 또한 실제로 그런 것처럼 가쁜 숨을 몰아 쉰다. 산의 꼭대기에서 그는 힘이 모자라서 여기에 떨어져 죽은 많은 캄의 뼈를 발견한다. 다시 희망찬 노래를 부르며 산을 무사히 넘어갈 것이라고 장담한다. 그리고 말한 대로 실천에 옮기는 것이다. 마침내 지하 세계로 들어가는 입구에 다다른다. 여기서 그는 바다를 발견하는데, 머리카락으로만 엮인 다리가 이곳에 놓여 있다. 다리를 건너는 것이 대단히 힘든 일이라는 것을 나타내기 위하여, 캄은 거의 떨어질 듯이 비틀거리다가 가까스로 앞으로 걸어 나간다. 그는 바다의 깊은 곳에서 이미 전에 이곳에서 죽어버린 죄지은 많은 캄의 시체를 본다. 죄 없이 결백한 캄들만이 이 다리를 건널 수 있기 때문이다. 또한 그는 다른 곳에서 각자의 지은 죄에 따라서 상응한 벌을 받고 있는 많은 죄인들과도 만난다. 예컨대, 남의 말을 몰래 엿들었던 사람은 말뚝에 귀를 못으로 박아 놓는 것이다. 에릭이 사는 곳에 도착하게 되면 캄은 누구도 들여보내지 않으려는 개를 만나게 되는데, 여러 선물로 이 개를 구슬리면 드디어 온순해진다. 샤먼 의례가 시작도 되기 전에, 선물은 이러한 위급한 경우를 위해 쓰이게 된다. 캄은 이러한 개와 같은 파수꾼을 잘 피하기 위해서 마치 에릭의 유르타에 도착해서 그를 대하듯이 공손히 인사하며 북을 이마까지 올리고는 "메르구! 메르구!"(mergu)라고 말한다. 그리고 캄 자신이 어디로부터 왜 왔는지를 설명한다. 갑자기 그는 소리지른다. 이것은 어떤 사람이 에릭의 유르타에 들어오려고 하는 것에 대한 노여움을 뜻한다. 겁이 난 캄은 일단 뒤로 물러나지만 다시 용기를 내어 에릭의 왕좌에 접근한다. 이렇게 하기를 세 번 거듭한 연후에야 에릭은 말문을 연다. "날개 달린 짐승은 이곳으로 날지 못하고, 뼈 있는 짐승은 여기에 오지 못한다. 나쁜 냄새나는 진딧물인 네가 어떻게 나의 처소까지 왔느냐?"

그러자 캄은 몸을 구부려서 북을 가지고 술을 떠올리는 시늉을 한다. 캄은 에릭에게 술을 바친다. 그리고 독한 술을 마시고 취한 사람처럼 벌벌 떠는 행동을 하는데, 이것은 에릭이 술을 마셨음을 나타내는 것이다. 캄은 술을 따라줌으로써 에릭의 성격이 다소 부드러워진 것을 알게 되면, 이제 그에게 몇 가지 선물들을 더 바친다. 위대한 정령(에릭)은 캄의 제물에 감동을 하여, 가축 떼의 번식을 약속해 준다. 암말이 망아지를 잘 낳을 것을 분명히 단언해 주며, 심지어는 동물의 새끼들에게 어떠한 소유의 표식을 할 것인가까지도 상세히 말해 준다. 캄은 매우 신이 나서 돌아오게 되는데, 이때는 그가 떠날 때 타고 갔던 말로 오는 것이 아니라 거위를 타고 온다. 그래서 캄은 발끝으로 유르타 주변을 돌아다님으로써 자신이 날고 있음을 보여준다.

제6장 샤머니즘과 성(性)

본 장에서는 남·여 샤먼과 그들 사이의 관계, 그리고 남성 샤먼이 여성으로 변성하며, 여성 샤먼이 남성으로 변성하는 성의 신비스러운 전환에 대하여 언급하려고 한다.

시베리아를 연구하는 거의 모든 학자들은 요즘에 여성 샤먼의 위치가 남성 샤먼에 비하여 때로는 훨씬 중요하다는 점에 동의하고 있다.

크라쉐닌니코프는 캄차달족에서 샤먼적인 재능은 거의 여성에게만 적합하다고 한다. 그러나 크라쉐닌니코프를 뒤이어 캄차카 지방을 여행했던 스텔러는 유카기르족, 코리약족 그리고 축치족에서는 남성 샤먼도 존재한다고 전한다. 보고라스, 요헬슨 그리고 다른 학자들도 남성 샤먼만큼이나 유명한 많은 여성 샤먼을 보았다. 트레티아코프Tretyakoff(앞의 책, p.213)도 투루칸(Turukhan)의 사모예드족에서 남성 샤먼과 함께 여성 샤먼의 존재를 확인하였고, 비엘라에프스키Bielayewski에 의하면,[1] 오스착족에서도 마찬가지로 남·여성 샤먼이 존재한다고 한다. 바이칼 지역의 퉁구스족에서도[2] 여성은 남성과 마찬가지로 샤먼이 될 수 있다. 그리고 그멜린[3]도 이들 중에서 어느

1) *A Journey to the Glacial Sea*, p.114.

2) *Siberian News*, 1822, pp.19~39.

3) ii. 82~84.

남성보다도 우월한 능력을 가진 18세의 여성 샤먼을 만났다. 야쿠트족이나 부리야트족에서도 남·여 샤먼은 모두 존재한다.[1] 솔로비에프Solovieff에[2] 의하면 야쿠트족에서 여성 샤먼은 남성 샤먼보다 중요시되지 않는다고 한다. 사람들은 그들 주변에 남성 샤먼이 없는 경우에만 여성 샤먼을 부르며 여성 샤먼은 미래의 일을 예언한다든가, 잃어버린 물건을 찾는 데 그리고 정신 질환을 치유하는 데 특별한 능력이 있다고 한다.

고시베리아족은 여성이 남성보다 샤먼적인 재능을 훨씬 많이 부여받는다고 믿는다. 한 축치족의 샤먼은 보고라스에게 '여성은 선천적으로 샤먼이다.'라고까지 말하였다. 여성 샤먼은 샤먼의 소명에 특별히 준비할 필요도 없기 때문에, 그 수련 기간도 짧고 시련도 덜 고통스럽다. 그러나 여성 샤먼에게 복화술은 전수되지 않는다.

많은 시베리아 종족과 그들의 전통 안에서 오늘날 여성만이 차지하는 위치는 매우 중요하다.[3] 심지어 남성 샤먼의 경우에도 의상, 관습, 권위 면에서 여성 샤먼의 속성이 깃들어 있다. 한편 남·여성 샤먼을 지칭하는 호칭 사이에도 많은 유사점이 있다.[4] 이러한 점 때문에 많은 학자들(트로쉬챤스키, 보

---

1) Sieroszewski; Potanin.

2) *Remains of Paganism among the Yakut*, 'Siberia' (Annual), i, 414.

3) 샤먼적인 재능이 여성에게 우선 주어졌다는 것이 몇 종족들의 전통이다. 몽골 신화에서 여신들은 '달의 딸'(the Daughter of the Moon)로서 표현되는 샤먼 자신이며, 또한 인류에게 '샤먼적인 재능'을 부여하는 존재이다.

4) 신시베리아족의 경우 여성 샤먼의 호칭은 대부분 공통된 것이지만, 남성 샤먼을 일컫는 호칭은 각 종족마다 일정하지 않고 개별적인 호칭을 갖는다. 곧 남성 샤먼을 야쿠트족은 아윤(ayun), 몽골족은 부게(buge), 부리야트족은 부게 또는 보(buge or bo), 퉁구스족은 샤먼 또는 하만(shamman or khamman), 타타르족은 캄(kam), 알타이족은 캄 또는 감(kam or gam), 키르기스족은 박시(baksy), 사모예드족은 타디베이(tadibey)라고 부른다. 주목할 만한 것은 야쿠트족에게 함나(khamna)라는 남성 샤먼 호칭이 있지만, 다른 신시베리아족들 중에서 사용되는 것과 유사한 호칭으로는 결코 남성 샤먼을 일컫지 않고 오히려 특별한 명칭을 따로 갖는다는 사실이다. 트로쉬챤스키는 바로 이 사실이 야쿠트족이 처음 현재의 야쿠트 지구(Yakut district)로 이주해왔을 때, 여성 샤먼은 이미 존재했지만 남성 샤먼은 없었다는 것을 나타낸다고 생각했다. 몽골족, 부리야트족, 야쿠트족, 알타이족, 투르고우트족(Turgout), 키르기스족에서 여성 샤먼은 우타간(utagan), 우다간(udagan), 우바칸(ubakhan), 우티간(utygan), 우튀군(utügun), 이두안(iduan), 두아나(duana)로 불린다. 이 말들은 모두 어떤 어원에 근거를 둔 것일텐데, 그 어원의 의미는 아직

고라스, 스태들링Stadling)은 원래 단지 여성 샤먼만이 있었을 뿐이었는데, 그 후에 여성 샤먼을 다소 대신하여 남성 샤먼이 발달했다고 믿게 되었다.

여성 샤먼으로부터 남성 샤먼이 발달했다는 가설적인 진화론은 사실상 뚜렷한 근거는 없고, 우리는 다만 그러했으리라고 추측만 할 뿐이다. 샤먼이 원래는 여성이었다는 이론은 샤머니즘 기원에 관한 학설들에 많은 영향을 끼쳤다.

요헬슨[1)]은 직업적 샤머니즘이 가족적 샤머니즘의 의례에서 발달한 것은 분명하다고 한다. 코리약족의 가족적 샤머니즘에서 보면, 어떤 여성들은 가족의 비밀에 속하는 여러 주문(incantations)에 대한 지식뿐 아니라 다른 사람의 요청이 있으면 가족 외의 경우에도 구사할 수 있는 다른 많은 지식을 가지고 있는데, 이 점에서 우리는 코리약족의 가족적 샤머니즘이 어떻게 직업적 샤머니즘으로 발달했는가를 분명히 알 수 있다고 요헬슨은 지적한다.[2)]

대부분 여성이기는 하지만, 비상한 샤먼적 재능을 가진 사람은 가족 이외의 더 큰 집단을 위해서 샤먼의 직능을 수행하도록 부탁받는데, 이렇게 하여 직업적 샤먼이 출현하게 되는 것이다. 특히 코리약족의 경우가 그러하다. 그러나 코리약족에서 여성 샤먼이 남성 샤먼보다 시간적으로 앞선다는 증거는 없다. 요즈음도 그렇지만 오래 전에도 여성 샤먼은 남성 샤먼만큼이나 대단한 능력이 있었으며, 때로는 어떤 여성 샤먼은 남성 샤먼보다 훨씬 영리하였다고 생각된다. '성전환' 샤먼도 코리약족 전통에만 존재하지만 매우 강력한

분명치 않다. 타타르족의 방언인 위데게(üdege)는 역시 여성 샤먼을 가리키며, 부인 또는 가정주부라는 뜻이다. 우타칸(utakan)이라는 퉁구스 말은 요술사 또는 식인종(cannibal)을 뜻한다. 그러나 우타간(utagan)은 몽골어에 그 기원을 두는 것 같다. 포타닌과 반자로프에 따르면, 문제의 이 말은 어원상으로 대지의 여신('earthgoddess', Étugen-eke는 지모신을 말한다)을 뜻하는 몽골어 Etugen과 관련된다고 한다. 포타닌은 더 나아가서 알타이 및 피노-우그릭 종족들의 지모신 호칭과 별자리 이름, 특히 큰곰·작은곰 별자리 명칭을 관련지었다. 타타르족의 한 방언으로 우티간은 곰을 뜻한다. 고대 몽골과 중국 신화에서 보면, 어떤 별자리의 신들은 지모신과 관계있는 것처럼 집안 벽난로(family hearth)의 보호령과도 관련이 있다. 이와 같이 여성만의 공통된 호칭은 어떤 여신의 기원과 관련이 있다.

1) *The Koryak*, i. 78.

2) 같은 책, p.47.

것으로 생각된다. 그러나 성전환은 '정령의 명령에 따른다'[1]는 점에서 다른 범주의 사실에 속하는 것으로 보이며, 원래 보편적인 여성 샤머니즘 이론과는 무관한 것으로 보인다.

축치족[2]에서 가족적 샤머니즘은 매우 단순하고 원시적이기 때문에, 아마도 개인적 샤머니즘보다 시간적으로 앞서는 것 같으며, 또한 개인적 샤머니즘은 가족적 샤머니즘으로부터 생성된 것 같다. 어머니는 가정의 종교 의례에서 아버지와 함께 샤먼의 직능을 나누어 수행한다. 어머니는 북과 부적(amulet)에 관한 일을 담당하며, 특별한 경우에 가정의 희생 의례를 주관하는 것도 아버지가 아니고 바로 어머니이다. 이와 같이 샤머니즘은 남·여 어느 성에도 제한되지는 않았지만, 영감적인 재능(the gift of inspiration)은 여성에게 더욱 자주 부여되는 것으로 믿어졌다. 그러나 이러한 영감적인 재능은 남성에 비해 여성이 비교적 열등한 것으로도 알려져 있는데, 그 이유는 여성의 출산이란 것이 샤머니즘적인 영감(shamanistic inspirations)과 일반적으로 상치되는 것이기 때문이다. 그래서 상당한 샤먼의 힘을 가지고 있던 젊은 여성이 초산 후에 급격한 능력의 상실을 체험할 수도 있다.[3]

이상에서 언급한 코리약족과 축치족에 대한 두 사람의 권위자, 요헬슨과 보고라스에 따르면 이들 종족에서는 가족적 샤머니즘이 개인적 또는 직업적 샤머니즘에 선행한다는 구체적 증거가 있다고 한다. 여성이 가족적 샤머니즘과 직업적 샤머니즘 모두에서 중요한 역할을 하고 있지만, 과거에는 여성만이 샤먼의 일을 할 수 있었다는 증거는 충분하지 않다. 물론 모권설母權說(the theory of universal mother-right)을 지지하는 학자들은 이러한 가설을 과거 여성의 우월한 사회·도덕적 지위를 입증하는 데 증거로 채택하려고 할 것이다. 그러나 우리가 가지고 있는 자료로 볼 때, 여성이 우월한 사회·도덕적 지위를 향유했다는 증거는 없다. 다만 남·여 양성 중에 어떤 개인이 우세한 지

1) 같은 책, p.52.

2) Bogoras, *The Chukchee*, ii. 413.

3) 같은 책, p.415.

위를 누리게 되었다는 증거가 있을 뿐이다.

신시베리아족에서 여성 샤먼을 흔히 보는 것은 아니지만, 다른 고아시아족이나 신시베리아족에서 이와 유사한 현상을 볼 수 있다. 시베리아 원주민 사회에서 여성의 낮은 사회적 지위에도 불구하고, 샤먼의 소명이 내리는 데 결정적 원인이 되는 것은 성별에 관계없는 개인적 능력이다.

여성이 첫 번째 샤먼(the original shaman)이었다는 사실을 증명하기 위하여 어떤 학자들은 직업적 샤먼이 자신의 북을 가지지 않는다는 것을 예증으로 든다. 그러나 직업적 샤머니즘이 가족적 샤머니즘과 명확히 분화되어 있지 않은 종족에서는 여성 샤먼이나 남성 샤먼 모두는 자신의 북을 가지지 않는다. 한편, 샤먼이 갖는 여성적인 의상이나 관습에 대해서는 신시베리아족과 같이 샤먼의 의상이 매우 복잡한 종족을 설명할 때에 논의하게 될 것이다. 트로쉬챤스키[1]와 그에 동조하는 스태들링[2]은 직업적 샤머니즘이 마을의 공동 의례에 샤머니즘적인 요소가 있음에도 불구하고, 그것과는 직접 관계가 없이 발달한 특별한 제도라고 생각하였다. 샤머니즘 발달의 후기 단계에서 샤먼의 직職은 어떤 경우에 마을 공동 의례와 관련을 가지게 되었고, 이러한 이유에서 '백' 샤머니즘('white' shamanism)이 나타나게 되었다. 트로쉬챤스키는 주로 야쿠트족 자료를 근거하여 그의 학설을 전개시켰고, 또한 그것을 시베리아 전 지역에 일반화시켜 적용하려고 노력하였지만, 우리는 그가 야쿠트족에 대하여 언급한 것에만 국한하여 설명하려고 한다.[3]

야쿠트족에는 창조적인 힘을 상징하는 '백'샤먼과 파괴적인 힘을 나타내는 '흑'샤먼이라는 두 종류의 샤먼이 있다. 그런데 흑샤먼은 여성 샤먼에게서 기원했다고 믿어지기 때문에, 여성처럼 행동하려는 경향을 보인다. 트로쉬챤스키는 흑샤먼의 기원에 관한 자신의 학설을 지지하기 위하여 다음과 같은 논거를 들고 있다.

---

1) *The Evolution of the Black Faith*, 1902, pp.123~127.

2) *Shamanismen i Norra Asien*, 1912, pp.82-92.

3) 앞의 책, pp.123~127.

1. 샤먼은 코트에 젖가슴을 나타내는 두 개의 철제 원판을 단다.

2. 샤먼은 머리를 여자처럼 반으로 갈라서 땋아 내린다. 샤먼 의례 중에는 머리를 땋아 내린 채로 그대로 둔다.

3. 코리마 지구에서는 여자나 샤먼은 유르타 안의 말가죽 오른편에 눕지 못한다. 왜냐하면 말에 채찍질하는 부분이 바로 이 오른편이기 때문이다.

4. 매우 중요한 경우에만 샤먼은 자신의 샤먼 의상을 입는 것이며, 별로 중요하지 않은 때에는 망아지 가죽으로 만든 소녀의 자켓을 입는다.[1)]

5. 풍요의 여신 아이아싯(Aiasyt)은 어린아이 출생 후 삼 일만에 나타나는데, 이 때 산모가 누워 있는 방에는 여성과 샤먼을 제외하고는 어떤 남자도 들어갈 수 없다.

이외에도 트로쉬챤스키에 의하면, 여성 흑샤먼은 남성 흑샤먼에 의해 대체되었다고 한다. 이러한 변화는 대장장이에 의해 이루어졌는데, 그는 여성 샤먼의 의상을 만들던 사람으로 유력한 지위를 차지하게 되었으며, 또한 그의 권한은 대장장이의 직職을 대대로 세습해 갈수록 강성하게 되었다.[2)] 결국 대장장이는 샤먼의 도구를 제작하는 과정 속에서 점차 마나(mana)*를 획득하게 되었으며, 스스로 요술사나 샤먼으로 되어 갔다는 것이다.

트로쉬챤스키는 한편 백샤먼의 진화는 다른 상황을 배경으로 하여 일어났다고 생각한다. 즉, 가정의 종교 의례에서 가장 현명한 가장이나 마을 공동체의 어떤 성원이 종교 의례의 주관자로 선발되었고, 이들이 임시가 아닌 상임(permanent)의 의례 주관자로 정착될 때까지 매번 새로이 각 종교 의례를 주관하는 임시 주관자로 뽑혀졌다는 것이다.[3)]

흑백 샤먼의 이러한 이원적인 진화론은 사실상 실증하기에는 어려움이 따

---

1) 요헬슨(*The Koryak*, i. 53)은 샤먼이 이러한 의상을 입는 코리마 지구에서 샤먼 의례에 직접 참석했다.

2) Troshchanski, 앞의 책, p.125.

* 폴리네시아 말로 초자연적 힘을 가리킴.

3) 앞의 책, p.124.

른다. 우선 우리는 백샤먼의 의상을 백대장장이가 만든다는 사실을 알 수 있는데, 트로쉬챤스키는 이 사실을 근거로 하여 백샤머니즘은 흑샤머니즘으로부터 유래한 것이 아니라, 흑샤머니즘과 병행하여 발달한 것이라고 한다.

또한 오늘날 샤먼에게서 여성적인 관습으로 생각되는 것이 보인다고 하는데, 이 사실이 원래의 여성 샤먼이 악령 아바시(abassy)의 하녀였다는 증거는 되지 않는다. 우리는 현재뿐만 아니라 과거에 있어서도 여성이 가정 의례의 사제가 될 수 있고, 또한 아이(aiy)나 아바시를 섬기는 직업적 샤먼이 될 수 있음을 알고 있다.

그러나 아바시에 대한 숭배가 아이 숭배보다 더욱 번성한 야쿠트족에서 흑샤먼이 (남·여를 포함해서) 우위를 점하고 있다. 한편 아이에 대한 의례가 아바시 의례보다 발달된 보티악족(Votyaks)은 오히려 백샤먼이 흑샤먼보다 숫자적으로 많으며, 사제의 계급 조직 전체는 백샤먼으로 구성된다.[1]

이상에서 언급했던 샤먼의 여성적인 속성에 대하여, 트로쉬챤스키는 그것을 여성 흑샤먼에게서 남성 흑샤먼이 기원했다는 학설의 증거로 삼으려 했고, 한편 요헬슨은 그것을 샤먼의 성이 여성으로 전환한 흔적이라고 생각하였다.[2]

그래서 요헬슨은 이 장章에서 다루는 두 문제 — 즉, 남·여성 샤먼의 관계와 소위 '성의 전환'이라고 불리는 '샤먼의 변성'(transformation of shamans)을 한데 묶어 생각하였다. 나는 후자의 현상을 J.G. 프레이저Frazer의 견해에 따라서[3] 오히려 「의상의 전환」(the change of dress)이라고 부르고 싶다. 왜냐하면 (아마도 축치족은 예외로 하고) 샤머니즘에서 말하는 성의 전환이란 사실상 요즈음에 생리학자들이 사용하는 개념과는 다소 다른 것이기 때문이다.

프레이저[4]는 남·여성 사이의 의상의 상호 전환이란 사실상 애매하며 복

1) Bogayewski, p.123.

2) Jochelson, 앞의 책, i. 53.

3) J.G. Frazer, *Adonis, Attis, Oziris*, ed. 1907, pp.384~433.

4) 같은 책, p.433.

잡한 문제라고 하고, 모든 사례에 적용시킬 수 있는 하나의 해답은 있을 수 없다고 생각하였다. 곧 그는 카시스(Khasis)[1]와 팔라우 군도(the Pelew Islanders)[2]의 사제 가운데서 여러 사례를 열거하면서 — 일생 동안 여성처럼 행동하고, 남자들이 여성의 옷을 입는 사례들 — 이러한 현상의 원인은 남성 사제가 여성 정령에게 감응받았기 때문이라고 설명한다. 그런데 이 여성 정령은 그녀의 시종과 대변자로서 흔히 여성보다는 남성을 선택한다고 한다.[3]

시베리아의 여러 종족에서 '성의 전환' 현상이 주로 나타나는 것은 축치족, 코리약족, 캄차달족, 아시아의 에스키모족 등 고아시아족에서 볼 수 있다.[4] 심지어 시베리아를 여행한 최초의 여행가들도 이 현상에 대하여 기록하고 있다. 예컨대 1755년에 크라쉐닌니코프[5]가, 1774년에 스텔러[6]가, 1820년에 랭겔Wrangel이,[7] 1837년에 뤼드케Lüdke가,[8] 그리고 이외의 몇 학자들도 '성전환'에 대하여 언급하였다. 그런데 이들의 설명은 완전한 것은 아니었고, 단지 그러한 현상을 있는 그대로 단순하게 언급한 것이었다. 또한 이들의 설명은 '성의 전환' 현상을 항상 샤머니즘적인 신의 감응이나 악령의 명령과 관련하여 설명하고 있다는 점에서 보통의 동성애 현상과는 다른 것이다.

이들보다 상세한 서술은 보고라스와 요헬슨의 훌륭한 저작에서 찾아볼 수가 있다. 보고라스는 '성도착(sexual perversion)과 성전환된 샤먼'이란 장章에

---

1) Major Gurdon.

2) J. Kubary.

3) 여성처럼 나약하고 부드러운 남성 요술사나 사제는 보르네오의 해양 다이애크족(the Sea-Dyaks), 남부 셀레베즈의 부기족(the Bugis), 남아메리카의 파타고니안족(Patagonians), 그리고 알류트족(the Aleutains)과 북아메리카의 많은 인디언 종족에서도 보인다(Frazer, *Adonis, &c.*, p.429. 참조).

4) 카쉬 박사Dr. Karsch는 시베리아 샤먼의 성전환과 유사한 현상을 알래스카에서 파타고니아(Patagonia)에 이르는 전 아메리카 대륙에서 관찰하였다(*Uranismusoder Päderastie und Tribadie bei den Naturvölkern*, 1901, pp.72~201).

5) *Description of the Country of Kamchatka*, ii. 24.

6) *Beschreibung von dem Lande Kamtschatka*, p.289.

7) *Reise längs der Nordküste von Sibirien und auf dem Eismeere*, ed. 1841, p.227.

8) *Journey Around the World, 1834~1836*, p.143.

서 축치족의 성전환 현상을 서술하고 있다. 보고라스에 의하면 성기는 어떤 샤머니즘 의례에서는 중요한 역할을 담당한다고 한다.[1] 그래서 샤먼은 달에게 기원을 할 때나 생식기에 대하여 언급하게 될 때는 수시로 벌거벗고 의례를 거행한다고 한다.[2] 축치족에서는 성의 전환 현상을 '부드러운 남성 존재'(yirka-laul-vairgin)라고 부르는데, '부드러운 남성'이란 남자가 약한 성을 가진 존재로 바뀐 것을 의미한다. 또한 축치족에서 성을 바꾼 남성 샤먼을 '여성 비슷한 남성'(축치어로 ne uchica)으로, 성을 바꾼 여성 샤먼을 '남성 비슷한 여성'(축치어로 ga cikicheca)이라고 부르는데, 후자의 경우는 매우 드물게 나타난다.

보고라스는 축치족에서 '성전환'의 몇 가지를 다음과 같이 분류하여 설명한다:

1. 샤먼이나 샤먼의 병 치료 중에 있는 환자는 마치 여성처럼 머리를 빗고 땋는다.

2. 의상의 전환: 키미쾌이kimiqai라 부르는 남성 샤먼은 정령의 명령에 따라서 여성의 옷을 입었다. 그는 젊었을 때에 오랜 동안 심한 병을 앓았는데, 여성의 옷으로 바꿔 입은 이후에 많은 효험을 보았다. 보고라스가 그를 만났을 때에는 이미 부인과 네 자녀를 거느린 초로初老의 턱수염을 기른 늙은이였다.[3]

3. 성의 전환은 평소의 태도까지 변하게 한다. 예컨대 변성된 남자는 '총과 창, 순록치는 목동이 사용하는 덫, 해마 사냥꾼의 작살 등을 팽개쳐 버리고 대신에 바늘과 가죽 벗기는 도구를 갖는다.'[4] 그는 여성만이 쓰는 이러한 도구의 사용법을 빠르게 익히게 되는데, 그것은 정령이 그를 내내 도와주기 때문이다. 목소리도 점차 여자처럼 변해 가며, 몸도 남성적인 모습은 사라지게

1) *The Chukchee*, ii. 448.
2) 같은 책, p.449.
3) 같은 책, p.450.
4) 같은 책, p.451.

된다. 그리고 마침내 그는 매우 수줍음을 타게 된다.

4. 드문 경우이지만, '부드러운 남자'는 그 자신이 여성인 것처럼 느끼기 시작한다. 그는 애인을 구하고, 때로는 결혼까지 한다.

결혼식은 보통 사람들이 하는 식대로 거행되며 결혼 생활도 다른 사람들처럼 지속적으로 계속된다. '남자'는 수렵이나 어로에 종사하며, '여자'는 가사일을 돌본다. 그들 부부는 때때로 내연의 처를 두고 어린아이까지 두게 되는 경우도 있지만,[1] 보고라스는 그들 부부가 변태적인 방식으로(modo Socratis) 동거한다고 생각하였다. 그리고 남편은 자신의 이름에 부인 이름을 덧붙이는 일이 간혹 있지만, 부인은 자기의 이름을 바꾸지 않는다.

보통 사람들의 여론은 항상 이들 부부에 대하여 좋지 않지만,[2] 성전환 샤먼은 매우 위험스러운 것으로 믿어지기 때문에, 그들 부부는 누구에게도 방해나 곤란을 받지 않고, 외부로부터 미움도 사지 않는다. '부드러운 남성'은 모두 특별한 보호자인 정령을 갖는데, 이 정령은 성전환 여성*의 초자연적인 남편, 즉 켈레 남편(kele-husband)**으로 알려져 있다. 이러한 남편은 그 집안에서 실제 가장으로 생각되며, 성전환 부인을 시켜서 자기의 명령을 전달한다고 믿어진다. 물론 실제 남편도 정령 남편이 곧바로 벌을 내리는 것이 두려워서 정령의 명령을 성심껏 수행한다.[3]

때로는 여장하지 않은 남성 샤먼도 실제 자기 부인 이외에 켈레 부인(kele-wife)을 둘 수 있다.

보고라스는 틸우기Tiluwgi라고 하는 부드러운 남자와 개인적으로 매우 친했지만, 틸우기는 자신의 비밀을 모두 털어놓지는 않았다. 그의 실제 남편은 틸우기를 정상적인 남자라고 평했는데, 그런데도 그의 몸가짐은 여성적인 것

1) 같은 책, p.451.

2) 이는 내 생각이다.

* 여장 남자.

** kele는 축치족의 악령이며 동시에 샤먼의 수호신이다.

3) 앞의 책, p.452.

이었다. 틸우기의 남편은 그의 사촌으로 정상적인 남자였다. '성전환 샤먼'은 대개 가장 가까운 친척 중에서 남편을 구한다.

보고라스는 남성으로 변성한 여성을 한 번도 만나보지는 못했으나, 그러한 몇 개의 사례에 대하여 들은 바 있다. 어떤 여성 샤먼은 자녀까지 있는 과부였는데, 정령의 명령에 따라서 머리카락을 자르고 남성의 옷을 입고는 음성조차 남자처럼 하였다. 그러고 얼마 안 돼 창 던지기와 총 쏘기를 배우기까지 하였다. 마침내 그녀는 결혼하기를 원했고, 곧이어 자기의 부인이 되어 줄 어린 소녀를 쉽게 찾아 내었다.[1)]

요헬슨[2)]은 오늘날 코리약족에서 여성 샤먼이 남성으로 변성했다는 이야기를 듣지 못했다. 전설상에는 가끔 그러한 이야기가 전하지만, 또한 반대로 요헬슨은 여성으로 변성한 어떤 남성 샤먼도 만나지 못했다.

카멘스코예(Kamenskoye) 마을의 한 코리약족 사람인 율타Yulta의 아버지는 샤먼이었는데, 얼마 전에 죽었다. 그런데 율타의 아버지는 정령의 명령으로 2년 동안이나 여성의 옷을 입었다고 한다. 그러나 그는 여성으로 완전히 변성할 수가 없었기 때문에, 정령에게 다시 남자의 옷을 입을 수 있게 해달라고 간청하였다. 정령은 그의 요청을 허락하였지만, 그가 샤먼 의례 중에는 반드시 여성의 옷을 입어야 한다는 조건이 따랐다.[3)]

이것이 요헬슨이 성의 전환, 혹은 의상의 전환에 대해서 잘 알고 있는 유일한 사례이다. 코리약족은 변성된 샤먼을 카바우(kavau) 또는 케베우(keveu)라고 부르는데, 그들은 여성 샤먼만큼이나 대단한 능력을 갖는 것으로 믿어진다.

캄차달족의 코엑추크(Koekchuch)*에 대해서는 여러 이야기가 분분한데, 그 이유는 크라쉐닌니코프가 그들이 과연 누구인지, 또한 그들이 여자인지

---

1) 앞의 책, p.455.

2) *The Koryak*, p.53.

3) 같은 책, p.53.

* 샤먼의 능력을 가진 나약한 남자; eunuch를 말한다.

남자인지에 대하여 올바른 설명을 하지 않았기 때문이다. 코엑추크는 여성의 옷을 입고, 여성의 일에 종사하며, 일반의 여성에게 그렇듯이 코엑추크에게도 특별한 존경은 베풀어지지 않는다. 그들은 여성과 코리약족의 카바우(qavau)*가 하듯이 환기 구멍을 통하여 집 안으로 들어갈 수 있다. 환기 구멍은 코리약족 지하 가옥의 현관 지붕에 나 있는 구멍과 비슷한 것이다.[1] 피에카르스키Piekarski는[2] 크라쉐닌니코프가 '코엑추크 여성이 남자와 접촉하지 않는다'라는 모순된 말을 했다고 지적한다.

크라쉐닌니코프의 코엑추크에 관한 설명은 다음과 같다: '캄차달 사람은 한 명 내지 두 명 또는 세 명의 부인을 갖기도 하며, 이외에도 코엑추크를 부인으로 삼기도 하는데, 이들은 여성의 옷을 입고 여성의 일에 종사한다. 그리고 이들은 남자와 교제하지 않으며, 남자들과 같이 있으면 부끄러움을 느끼고 안절부절못한다.'(p.24, ed. 1755) '캄차달족 여성은 옷과 구두를 만드는 일을 하는데, 이러한 일은 남자에게는 매우 어울리지 않는 것으로 생각되어서, 만일 어떤 남자가 이러한 일을 하게 되면 그는 곧 코엑추크로 취급받게 된다.'(p.40, ed. 1755). '여성들은 질투하지 않는다. 왜냐하면 그들은 한 남편을 두고 두세 부인이 함께 잘 살고 있으며, 또한 남편이 첩 대신에 얻는 코엑추크까지도 반대하지 않기 때문이다.'(p.125, ed. 1755) '특히 노파를 포함해서 모든 여성과 코엑추크는 요술사이자 해몽가이다.'(p.81, ed. 1755)[3]

이상의 인용문에서 보면, 코엑추크가 때로는 첩의 역할까지 하지만 오히려 유약한 남자나 거세된 남자(eunuch)와 같은 모습을 띤다고 할 수 있다.

코엑추크는 흔히 요술사나 샤먼보다도 특별한 대우를 받는 이상한 존재로 간주된다. 아마도 비정상적인 것에 대한 경외의 감정이 초자연적인 숭배로

---

* 여장 남자.

1) Krasheninnikoff, ii. 114; Troshchanski, 앞의 책, p.120 참조.

2) Troshchanski, 앞의 책, p.120 참조.

3) '여성이란 남성에 비해서 매혹적이며 영리하기 때문에, 많은 샤먼들은 남성보다 여성과 코엑추크에서 선택된다'(p.15). '쿠릴 열도의 원주민은 모두 두세 명의 부인들을 거느린다. 그들은 또한 코리약족이나 캄차달족과 마찬가지로 코엑추크도 부인으로 맞아들인다.'(p.183, ed. 1755).

바뀌어졌을지도 모른다.

'성전환'의 현상이 단지 고시베리아족에서만 나타나는 반면에,[1] 신시베리아족에서는 샤먼의 의상이 훨씬 더 여성적인 색채를 띠고 있을 뿐이다. 야쿠트족 남성 샤먼의 전통 중에는 그들이 어린아이를 출산하는 일이 있는데,[2] 이것은 오히려 이러한 기적을 가능하게 하는 정령이 위대한 힘을 가졌다는 관념과 관련 있다. 대체로 고시베리아족에서 여성 샤먼이 어린아이를 낳으면 샤먼의 일에 종사할 수 있는 능력이 영구히 또는 적어도 일시적으로 상실된다고 한다. 한 코리약족의 설화에 의하면,[3] 갈가마귀의 아들인 샤먼 에멤쿳Ememqut은 '트리톤Triton*의 꾀임에 빠져서 한 소년을 출산하기에 이르렀는데, 그 이후에 그의 샤먼적인 능력을 상실하게 되었다고 한다. 그러나 에멤쿳의 누이동생이 트리톤의 누이동생을 살해하여 에멤쿳이 출산할 수 있는 능력을 제거하자, 마침내 그는 샤먼의 권능을 되찾을 수 있었다고 한다.'

한편 우리는 많은 시베리아 종족에서 여성 샤먼은 북을 만지지 않도록 되어 있음도 볼 수 있다.

특히 가장 능력있는 샤먼들과 관련하여, '성의 전환'이란 문제는 순수하게 육체적인 면에서 설명될 수 있는 것은 아니다. 모든 미개 사회나 문명사회에서도 그렇듯이, 이들 시베리아 종족 중에도 일부 성도착증 환자는 있을 수 있다. 그러나 모든 비정상적인 사람이 주술적인 숭배의 대상이 되는 것은 아니다. 보고라스나 요헬슨의 변성된 샤먼에 관한 설명에 의하면, 대개의 경우 이들 변성된 샤먼은 처음에는 정상적인 사람이었지만, 나중에 정령의 계시 때문에 성을 바꾸어야만 했다고 한다. 또한 앞에서도 지적했듯이, 그들 중의 일부는 동일한 성을 가진 공식적인 남편 이외에도 은밀히 정상적인 성관계를

---

1) 유카기르족은 예외이다. 요헬슨은 다음과 같이 말한다: '나는 유카기르족에서 성전환 현상의 흔적을 찾아볼 수 없었다. 다만 샤먼 의상에 여성의 옷차림 요소가 짙었을 뿐이다.'(*The Yukaghir and Yukaghirized Tungus*, p.112).

2) Sieroszewski.

3) Jochelson, 앞의 책, p.55.

* 그리스 신화에 나오는 반인반어半人半魚의 해신海神.

가질 수 있는 이성의 배우자를 취할 수 있다. 그리고 어떤 사람들은 정령의 계시라는 종교적 상황을 가장하여 변태 성욕을 감출 수 있었음에도 불구하고 이들은 실제로 무성(sexless)의 인간이 되었던 것 같다.

이러한 경우 어떤 하나의 존재 안에 완전한 남·여성의 성격을 구체화시킨 '천부의 남·여성을 구유한 샤먼'(a divine two-sexed shaman)이란 종교적 관념은 거의 찾아보기 어렵다. 우리는 고시베리아족에서 남·여성을 구유한 신이나 정령은 볼 수 없지만, 비교적 발달되어 있는 신시베리아족에서는 이러한 관념을 찾아볼 수 있다. 곧 알타이 원주민은 최고신을 인간의 어머니와 아버지라고도 부르는데, 이 표현은 이들의 남·여성 구유의 신관을 잘 나타내준다. 이러한 문제는 아마도 사회학적인 접근에 의해서 가장 만족스럽게 해결될 것 같다.

공동체 집단이 샤먼에게 부여해준 비상한 권능은 그가 차지하고 있는 예외적인 지위로 볼 때 매우 명백하다. 공동체 집단은 샤먼이 초자연적 능력을 가지고 있음을 인정하고 믿기 때문에, 샤먼은 다른 사람들이 하지 못하도록 금지되어 있는 것을 행할 수 있으며, 실제로 다른 사람과는 달리 행동해야만 한다.[1] 곧 우리가 이미 제2장 샤먼의 소명에서 보았듯이, 샤먼은 정령에게 계시를 받아 '스스로 어떤 고통도 느끼지 않고 자신의 몸을 베기도 하고 상처를 내기도 한다.'[2] 또한 '그들은 샤먼 의례 중에 샤먼의 북과 희생 동물과 함께 천계에도 날아오를 수 있다.'[3]

샤먼은 어린아이, 새, 개구리 등도 낳을 수 있으며,[4] 또한 진정한 샤먼인 경우에는 성전환도 할 수 있는데, 이것은 그들이 가진 초자연적 능력, 또는 진정한 소명 때문에 가능하다.

---

1) 이 같은 견해로 보면, 여성 샤먼에 대한 높은 존경심은 성별에 관계없이 사회에서 차지하는 샤먼의 지위에서 비롯되는 것 같다. 그러나 이 사실이 초기에는 보편적으로 여성 샤머니즘이 우세했다는 것을 뜻하지는 않는다.

2) Jochelson, *The Koryak*.

3) Sieroszewski, *12 Lat w Kraju Yakutów*, p.403.

4) 같은 책, p.399.

사회적으로 샤먼은 남성이나 여성 부류에 속하지 않고, 세 번째 부류, 곧 샤먼 부류에 소속된다. 성적으로는 무성으로 성을 느끼지 못하는 경우도 있고, 성 충동을 금욕 생활로 억제하기도 하며, 또는 동성애 성향을 보이기도 하지만, 매우 정상적인 성생활을 하는 샤먼도 있다. 그래서 특수한 계층을 형성하는 샤먼의 터부에 있어서도 남·여성의 특징들이 함께 포함되어 있으며, 샤먼의 의상에도 남·여성의 성격이 한데 섞여 있다.

여성 샤먼은 여성이 특별히 지켜야 할 터부에 제한받지 않는데, 이것은 여성 샤먼의 지위가 보통 여성보다 대단히 높기 때문이다. 한편 남성 샤먼도 남성이 지켜야 할 터부(male taboos)에 얽매이지 않는다. 남성 샤먼은 물론 그가 지켜야 할 남성 터부가 있기는 하지만, 이와 함께 여성만이 갖는 어떤 특권도 가질 수 있다. 예컨대 야쿠트족에서 남성 샤먼은 어린아이를 낳은 지 3일도 안 되는 산모의 방에 출입할 수 있다.

샤먼이란 직업은 많은 터부를 지켜야 하기 때문에, 이 점에서 일반 사회로부터 분리된다. 다시 말하여 샤먼이 이러한 터부를 지킬 수 없으면 샤먼직을 그만 두어야 한다. 한 사례를 들면, 출산이나 월경 기간 동안에 여성 샤먼은 샤먼직에서 떠나 보통 여성의 부류로 환원된다.

샤먼은 여성인 경우는 남성의 어떤 속성을 배우고, 남성은 여성의 어떤 속성을 배우는데, 이러한 샤먼의 부류는 시베리아에서 아마도 부권이나 모권(father or mother right)과는 관계없이 존재하는 것 같다. 한편 성의 전환을 계시하는 정령이 J.G. 프레이저의 말대로 샤먼과 반대되는 성을 갖는가를 확인하는 것도 흥미로운 문제일 것이다.[1)]

샤먼들은 사회에서 남성이나 여성으로도 취급을 받지 못하기 때문에 어떤 경우에는 병적으로 비정상적일 수도 있지만, 이러한 비정상적인 상태가 샤먼에게 반드시 중요하고 필수불가결한 것은 아니다. 왜냐하면 변성된 샤먼이 그와 동일한 성을 가진 사람과 결혼하는 것을 (예컨대, 축치족에서) 사회에서

1) 같은 책, 1907, pp.384~433.

언제나 인정하지 않는 경우도 있기 때문이다.[1]

샤먼의 의상 전환에 대한 주술 종교적이고 사회학적인 설명은 코엑추크에게도 만족스럽게 적용되는 것은 아니다. 왜냐하면 캄차달족의 직업적 샤머니즘이 뚜렷한 사회의 부류를 형성할 정도로 조직되거나 발달한 것은 아니기 때문이다. 이러한 주술 종교적이고 사회학적인 설명은 전혀 샤먼이 되지도 않으면서 남성이 여성의 의상을 입는 경우에도 또한 적용되지 않는다. 여기서 우리는 어떤 접촉이 여성적인 자질, 특히 연약함 같은 것을 전염시킬 수 있다는 많은 미개 사회에서의 믿음을 상기할 필요가 있다. 이러한 믿음에 대한 사실은 크로울리Crawley가[2] 지적하였는데, 그는 많은 미개 사회에서 겁쟁이, 허약자, 패배자 등에게 여성의 옷을 입힘으로써, 그들을 여성의 위치로 하락시키는 관습에 대하여 여러 사례를 들어서 설명하였다. 이와 유사한 사례는 L. 모건Morgan의 저서(*The League of the Iroquois*, p.16)에서도 보인다. 즉, '델러웨어족(the Delawares)이 이로쿼이족(the Iroquois)에게 정복당하고 또한 전쟁에 출전하는 것도 금지당했을 때, 그들의 상태는 인디언의 관념으로는 인위적으로 만들어진 여성(made woman)이었다. 그래서 정복당한 이후에는 여성에게 적합한 일에만 종사했던 것이다. 요헬슨, 보고라스 또는 다른 학자들의 저서를 보면, 어떤 고시베리아 종족들이 그들이 노예를 어떻게 취급하는가에 대한 설명이 있는데, 이들 설명으로 미루어 보아 우리는 캄차달족의 코엑추크에는 그들과 비슷한 관습을 갖는 또 다른 사례가 있다고 추측할 수 있

---

1) 본 장을 집필하고 난 후에야 나는 러시아의 유명한 사회학사 A. 믹시모프Maksimoff의 「성전환」(The Change of Sex, *Russian Anthrop. Journ.*, xxix.)이란 논문을 접할 수 있었다. 막시모프 역시 이 현상을 생리학적인 측면에서 설명하는 학설에 만족하지 않는 것을 보고 나는 대단히 기뻐하였다. 그는 다음과 같은 점에서 성의 전환이 생리학적 현상이 아님을 지적하였다.
(1) 시베리아 전 지역에 걸쳐서 샤먼 의례와 함께 성전환 현상은 쇠퇴해 가고 있다. 만일 이 현상이 성도착증에만 관련있는 것이라면, 모든 종류의 질병과 성 방종의 풍조가 만연되고 있는 오늘날 식민지인 시베리아에서 성전환 현상은 증가되어야 함에도 불구하고 실제는 사라져 가고 있다.
(2) 뉴멕시코의 뮤제라도(Mujerado)의 경우에서도 보듯이, 이 현상은 순수하게 의례적(ritualistic)인 것이다.

2) 'Sexual Taboo: a Study in the Relations of the Sexes,' *Journal of the Anthrop, Inst.*, xxiv. 124~125.

다. 그런데 이러한 가정은 사실상 정당한 것일까? 크로울리에 의하면, 노예를 다룰 때의 목적은 포로나 정복민의 상태에 있는 적의 성격을 무기력하게 하여, 정복자에게 불리한 어떤 일을 할 수 있는 포로의 능력을 최소한으로 쇠퇴시키는 데 있다는 것이다. 요헬슨은 유카가르족에 있었던 노예 제도에 대하여, '노예(포로)는 여성들과 함께 거주하며……여성들처럼 똑같이 가사를 돌본다'고 한다.[1] 또한 그에 의하면, 코리약족의 포로 노예도 비슷한 상황이라고 한다.[2] 대개의 미개인들은 여성과 가까이하면 여성적인 것에 감염되기 때문에 남자가 무력해진다고 믿는다. 남자를 여자와 같이 있게 하고, 또 여자 옷을 입히면, 그는 위험스러운 존재로는 되지 않으며, 그리고 여성적인 일에 매우 능숙해질 수 있다고 한다. 이상과 같은 고시베리아족의 포로 노예에 대한 태도로 미루어 보면 충분한 방증 자료는 결핍되어 있지만, 캄차달족의 코엑추크는 포로 노예 계층에서 발달해 왔거나, 또는 포로 노예 자체일 수 있는 최소한의 가능성은 있다.

보고라스는 비교적 근래까지 노예 제도가 존속해 왔던 축치족에 대하여 설명하는 가운데, 다른 학자들처럼 포로 노예를 여성화하는 것에 관하여 명확한 표현은 하지 않았지만, 그가 노예를 지칭하는 데 사용한 외물린(ämulin)이란 낱말은 '연약한 사람'을 뜻하며, 이외에도 노예를 가리키는 다른 낱말도 모두 경멸적인 뜻이 담겨져 있었다. 따라서 축치족도 캄차달족을 포함한 다른 고시베리아족과 마찬가지로 가장 이상적인 노예 제도는 어떠한 것인가에 대하여 동일한 생각을 가졌었다고 볼 수 있다.

1) Jochelson, *The Yukaghir*, p.133.

2) *The Koryak*, p.766.

개역판에 붙여

1. 일제에게 나라를 빼앗긴 지 어언 18년이 지난 1927년은 조선학 연구사에서 매우 주목되는 해이다. 최남선(1890-1957)은 『계명啓明』 19호에 「살만교차기薩滿教箚記」를 이능화(1869-1943)의 「조선무속고朝鮮巫俗考」와 함께 발표하였다. 전자는 시베리아 샤머니즘에 대한 최초의 소개이고, 후자는 조선 무속을 고조선으로부터 조선 시대 말기까지 다룬 통사(通史)이다. 초기 무속 연구의 기념비적 노작들이다.

「살만교차기」는 살만교, 곧 샤머니즘에 대한 차기이다. 여기에서 샤머니즘은 시베리아 또는 넓은 의미의 북아시아의 샤머니즘을 전제한다. 차기란 각종 관련 논저에서 주요 내용을 발췌하여 정리하고, 여기에 찬자의 견해를 조금 덧붙인 기록이다. 최남선은 M.A. 차플리카의 『Aboriginal Siberia』(1914) 중에서 샤머니즘에 대한 내용만을 일부 발췌하고 한편 도리이 류조鳥居龍藏(1870-1953)의 논저도 참조하여, 시베리아 샤머니즘을 조선학계에 소개한 것이다. 조선학이란 용어는 이미 최남선이 쓰고 있었다.

최남선이 시베리아 샤머니즘을 학문적 신념을 가지고 소개한 의도는 『계명啓明』 19호 서문에서 엿볼 수 있다. 그는 미래를 밝히기 위해서는 과거에 대한 올바른 이해가 중요하며, 과거 중에서도 그 시원을 아는 일이 요긴하다고 생각했다. 그런데 그 시원에는 종교가 있어서, 이를 구명하는 일은 곧 역사와 문화를 알게 되는 관건이 되기도 한다는 것이다. 그는 이러한 문제의식을 기반으로 다음과 같이 말하고 있다.

"어떻게 일 민족과 그 문화를 알까. 어떻게 조선 민족과 조선 문화를 이해할까. 더 나아가 어떻게 조선인의 생활 원리, 경험 철학, 신념적 전통, 생활 사실의 정신적 배경을 구명할까. 이것들도 요컨대 조선 역사의 종교적 고찰로써 그 출발점을 삼고 최고 방편으로 삼을 것이 물론이니, 우리가 이것을 적절히 표현하기 위하여 조선학의 건설은 그 '종교적 고고학(나는 이런 말을 만들고 싶습니다)'으로 비롯하자는 말을 예전부터 주장함도 이 의미로부터 하는 말이요 최근 10년 내의 공정을 오로지 이 방면에 집주하여 지냄이 또한 이러한 까닭입니다." (현대어 윤문과 작은따옴표는 역자)

그는 조선 종교를 알면 조선 역사를 알게 될 것이고, 또한 조선 고대 문화 연구는 조선 고대 종교 연구로부터 시작해야 한다고 확신을 하였다. 이를 위하여 우선 「살만교차기」에서 조선 고대 종교의 인종학적 관계를 규명하기 위하여 동북아시아의 공통 고대 종교인 살만교를 살피고, 아울러 「조선무속고」에서 조선 고대 종교의 토속학적 현상을 밝히기 위하여 역사 및 민속에서 채집한 무속을 소개한다고 설명하였다.

2. 최남선은 1920년대 초반부터 조선 역사의 출발점을 동방 문화의 연원과 관련지어 보기 시작하였는데, 마침내는 조선 고대를 통하여 동방 문화의 원시 상태를 뚜렷이 볼 수 있으리라고 생각했다. 따라서 동방학의 진정한 건립은 조선 고대를 중심으로 해서, 그리고 특히 조선의 비밀스러운 옛 문이 열림을 기다려 비로소 시작되리라고 판단하였다. 그리고 그 비밀의 옛 문은 바로 단군 신화로 여겼다. 그는 '불함문화론不咸文化論'의 부제副題를 '조선을 통하여 본 동방 문화의 연원과 단군을 계기로 한 인류문화의 일부면'이라고 달았고, '단군론'의 부제를 '조선을 중심으로 한 동방 문화의 연원 연구'라고 할 정

도였다. 마침내 그는 "단군학을 세우자!"고 주장했다. 그래야만 불함문화의 실체가 드러난다고 확신했다.

그는 「불함문화론(1925)」과 「단군론(1926)」에서 군무일원론君巫一源論을 주장하였다. 단군이 왕이면서 동시에 무당이라는 견해이다. 단군은 고려와 조선을 넘어서 온 시대를 통괄하는 배달겨레의 시조이다. 단군은 그 실재 여부와 관계없이 유구한 조선 역사에서 가장 중요한 정신적 구심점의 상징이다. 그런데 단군이 조선 팔천八賤의 하나로서 사회적 경멸의 대상이었던 무당이라니! 이 주장은 기실 식자 계층을 비롯한 모든 조선인에게 대단한 충격을 주었다.

이미 고대사 초기부터 군왕에게 정치권력을 박탈당하고 하늘에 대한 제사권도 빼앗긴 무당은 그 이후 고려 시대와 조선 시대를 거치면서 늘 음사淫祀라는 부정적 개념 안에서 지속적인 탄압을 받았다. 그리고 19세기 말, 20세기 초부터는 기독교의 공적公敵으로서 그리고 근대화를 저해하는 미신迷信의 주범으로서 극심한 증오와 핍박의 대상이 되었다. 이제는 무당에게 음사에 이어서 미신이라는 굴레마저 새로 씌워준 것이다. 그런데 이러한 무당의 시원이 단군이었다니! 이는 무당의 사회적 인식에 대한 코페르니쿠스적인 전환이었다.

최남선의 단군에 대한 지대한 관심과 20세기 초 나철羅喆(1863~1916)의 대종교 등과 이떠한 상관성이 있는지는 불명하다. 그러나 민족의 극심한 수난기마다 단군이 하나의 구심점으로 부상하는 역사 현상은 최남선을 비롯한 당대 지식인에게도 그리고 백성에게도 유의미한 영향을 미쳤으리라 추측된다. 최남선 등과는 삶의 태도와 방식이 전혀 달랐지만, 신채호도 일정 기간 광의의 단군교인 대종교와 관련을 맺었다. 그는 『조선상고사』(1931)에서 조선 역사의 첫 시작을 '수두 시대'로 설정하였는데, 이는 조선의 종교인 수두교에서 비롯된 개념이다. 수두는 단군 하느님을 일컫는 말이니, 수두교는 단군

교라고도 할 수 있다. 신채호는 단군왕검의 제정일치는 인정하지만, 그를 무당이라고는 이해하지는 않은 듯하다. 대종교에서도 그러하다.

3. 최남선이 M.A. 차플리카의 『Aboriginal Siberia』에 주목하고 이를 초역하여 「살만교차기薩滿敎箚記」라는 제목을 달아서 발표한 저간의 사정이 바로 그러하다. 샤머니즘 자체에 대한 관심이 그 동기라고 보기는 어렵다. 조선 고대 종교를 알아야 불함으로 대표되는 동방 문화의 연원을 알 수 있는데, 그 중심에 무당인 단군이 있고 또한 조선과 인종적으로 깊은 관련이 있는 시베리아를 비롯한 북아시아 종족들의 고유한 종교가 샤머니즘이라고 판단했기 때문이다. 그리하여 바야흐로 단군 연구를 본격적으로 시작하는 그 무렵의 최남선에게 M.A. 차플리카의 저작은 조선 고대 종교를 밝히는 한 줄기 광명이었음이 분명하다.

손진태도 『Aboriginal Siberia』를 탐독하였다. 그는 최남선보다 1년 앞선 1926년에 「조선상고문화의 연구(1)-조선 고유 원시 종교, 조선 고대 종교는 샤만이즘인가」를 『신민新民』 (2권 8호)에 상재하였다. 그도 조선의 고유·고대 종교의 해명 차원에서 그것이 과연 샤머니즘인가를 논하고 있다. 그러나 그는 무격을 샤먼으로만, 그리고 무격 종교를 샤머니즘으로만 볼 수 없다는 견해를 피력하고 있다. 그는 당시에 다소 무격과 무격 종교를 협의로 보았기 때문이다. 여하튼 그도 최남선과 마찬가지로 M.A. 차플리카를 통하여 북아시아 샤머니즘을 공부하였고, 또한 M.A. 차플리카가 인용하고 있는 러시아를 비롯한 유럽 학자들의 견해를 검토하였다. 물론 부분적이나마 조선의 무격과 비교하는 관점을 소홀히 하지 않았다.

이처럼 1920년대에 조선학을 일군 최남선이나 조선 민속학을 개척하기 시작한 손진태 등은 M.A. 차플리카의 『Aboriginal Siberia』를 조선 고대 종교 이해를 위하여 반드시 읽어야 하는 필수 참고 문헌으로 여겼다.

따라서 『Aboriginal Siberia』의 관점과 내용도 그러하지만, 이에 전적으로 또는 부분적으로 기초한 최남선과 손진태 등의 샤머니즘과 무속에 대한 이해는 그 이후 한국 무속 연구에 직·간접적으로 많은 영향을 주었다. 특히 무속을 북아시아 샤머니즘 문화권 안에서 보고, 또한 그 이동성異同性을 찾으려는 학문적 태도를 갖는데 기여하였다. 한편 도리이 류조鳥居龍藏나 아카마쓰 지조赤松智城(1886-1960) 그리고 아키바 다카시秋葉隆(1888-1954) 등의 조선 무속 연구가 지닌 긍·부정적 성과도 간과할 수는 없다.

4. 20세기 초 시베리아 샤머니즘에 대한 또 하나의 중요한 노작은 게오르그 니오라쩨Georg Nioradze가 1925년에 간행한 『Der Schamanismus bei den Siberischen Völkern』이다. 이 책은 한국 고대사 연구자인 이홍직 교수가 1943년에 도쿄에서 일본어 번역으로, 그리고 1949년에 서울에서 우리말로 다시 번역하여 출판하였다. 그 후 1976년에는 『시베리아 제 민족의 원시종교』(신구문화사, 신구문고 46)라는 제목으로 재간하였다.

이홍직도 앞서 소개한 최남선이나 손진태와 거의 유사한 관점을 가지고 있다. 한국의 고유 신앙과 종교는 무속인데, 이를 올바르게 이해하는 하나의 방법은 한국과 지리적·역사적으로 밀접한 북방의 샤머니즘과 비교하는 일이라고 생각했다. 그 밖에도 그는 이 책을 읽으면 먼 시베리아 민족의 단순한 이야기가 아니라 지금도 우리 한국인이 공유하는 이야기 자체이어서 흥미로울 것이라고 했다. 우주·자연·신령·인간과 그 상관성 등에 관한 기초적 민족 심리가 매우 유사하다는 뜻이다.

그런데 이 분야에서 정평이 나 있는 극히 소수의 연구 성과들 중에서 M.A. 차플리카의 저작은 최남선이 학계에 이미 소개하였지만, 아카마쓰 지조와 아키바 다카시에 의하여 학계에 알려진 니오라쩨는 아직 그렇지 못하여 자신이 번역했다는 것이다.

5. 역자는 1994년 몽골 국립 아카데미 객원 연구원으로 있을 때 울란바토르에서 북서쪽으로 약 500㎞ 떨어져 있는 훕스굴 지역의 샤먼을 조사·연구한 적이 있다. (이필영, 1996, 「몽골 훕스굴 지역의 샤마니즘」, 『역사민속학』 5, 한국역사민속학회, 153-190쪽. 참조) 1991년 소련이 해체되고 몽골이 최초의 자유선거로 대통령을 선출하고 본격적인 개혁·개방의 시대로 접어든지 얼마 지나지 않은 시기였다. 1920년대 초반 몽골에 사회주의 정권이 수립된 이후로 그즈음까지 70여 년 동안 몽골 샤먼은 외부 세계에 거의 알려지지 않았다. 20세기 초반 M.A. 챠플리카, 요헬손Jochelson, 보고라스Bogoras, 게오르그 니오라쩨 등의 연구 이후에 몽골 샤머니즘에 대한 연구는 소강상태에 빠져 있었던 것이다.

11일간에 걸친 현지 조사에서 모두 네 명의 샤먼을 만났고 그들의 굿을 보았다. 책에서만 보던 몽골의 샤머니즘을 직접 체험할 수 있어서, 그 기간 내내 대단한 흥분을 하고 있었다. 이때 가장 인상이 깊었던 몇몇 장면이 있다.

겔(원형 텐트 집)의 허이머르(집안 북쪽의 가장 높은 자리) 왼쪽에 앉아서 북서쪽에 걸려 있는 헤츠 언거트(정령)를 보면서 헬 호르를 연주하고 초혼의 노래를 부르면서 언거트를 초빙하는 장면, 혀를 구르며 이상한 소리를 낸 후 환자의 얼굴에 입김을 불어 넣고 몸을 좌우로 흔들면서 노래를 부르다가 양손에 든 하다크로 환자의 머리를 세차게 때리는 장면, 혀를 구르며 이상한 짐승 울음소리와 새소리를 오랜 시간 반복하여 내는 장면, 달(양의 어깨뼈)을 난로 불에 태운 후에 겔 바깥으로 나와 달이 터져서 생겨난 금[선(線)]을 해에 비추면서 확인하는 장면, 굿을 하다가 갑자기 용수철 튕기듯이 뒤로 쓰러지면서 혼절하는 장면, 샤먼에게 굿이나 점을 쳐 달라고 심지어 손님들이 며칠씩 말을 타고 오는 장면 등.

그런데 1994년에 목도한 이러한 장면들과 그에 수반되는 샤먼의 도구나 복식 등, 곧 몽골 샤머니즘 문화 복합이라 할 수 있는 일련의 유·무형 문화는 1914년 M.A. 챠플리카의 『Aboriginal Siberia』의 내용과 크게 다르지 않았다. 역자의 입장에서는 처음 보는 몽골 샤먼의 굿이 전혀 낯설지 않았다. 소설을 읽은 다음에, 소설을 영상으로 작품화한 영화를 보는 듯한 느낌이었다. 특히 이 번역서 「제5장 샤만의 의례」가 그러하다.

6. 역자는 대학교 4학년 때 연세대학교 중앙 도서관에 마침 소장되어있는 『Aboriginal Siberia』를 자주 대출하여 읽었다. 고서였지만 학부 학생에게 대출 제한은 없었던 모양이다. 그런데 어느 날 이 책의 갈피에서 색이 누렇게 바랜 명함이 한 장 나왔다. 이름은 손진태, 주소는 경성부 동대문구 안암정 86-132. 그리고 명함 뒷장에는 독서를 하면서 수기로 간단히 메모한 내용도 있었다. 그리고 책자 자체에도 같은 글씨체의 메모가 이곳저곳에 보였다.

역자는 이 책자와 명함을 은사이신 손보기 선생님(당시 연세대학교 중앙 박물관장)께 곧바로 달려가 설명을 하고 보여 드렸다. 선생님께서는 당신의 스승이신 남창 손진태의 필체를 금세 알아보셨다. "남창 선생님의 글씨가 맞습니다."라고 역자에게 말씀하셨다. 1950년 한국 전쟁이 발발되고 얼마 되지 않아 남창이 납북된 후, 약 25년 만에 손보기 선생님은 당신 선생님의 필체를 감동적으로 조우했던 것이다.

남창 손진태가 애독하셨고 그 손길이 닿았던 『Aboriginal Siberia』가 연세대학교 중앙 도서관에 어떠한 연유로 소장되었는지 역자는 알지 못한다. 지금도 역자는 이 명함을 조그만 액자에 담아서 연구실에 모셔 두고 있다.

2023년 6월

옮긴이

옮긴이 후기

이 책은 1914년에 간행된 차플리카M.A. Czaplicka의 『시베리아의 원주민』(*Aboriginal Siberia: A Study in Social Anthropology*, Oxford) 중에서 일부를 우리말로 옮긴 것이다. 원래 원서는 모두 15장으로 구성되어서 시베리아의 지리, 민족, 사회, 종교, 병리 등에 대하여 우리에게 해박한 지식을 전해주고 있는데, 본 역서에서는 이 중에서 샤먼과 샤머니즘에 대하여 서술하고 있는 부분(7~12장)만을 뽑아서 시베리아 샤머니즘이라고 제목을 임의로 붙인 것이다.

폴란드 출신의 여류 민족학자인 챠플리카의 이 책은 요헬슨W. Jochelson이나 보고라스W. Bogoras의 연구와 함께 샤머니즘 연구사에 있어서 초기의 광채 있는 연구 업적으로 손꼽힌다. 물론 이들의 업적을 오늘날의 입장에서 보면 반드시 만족스럽다고는 할 수 없지만, 러시아 혁명 후 시베리아에 관한 샤머니즘 연구 성과나 조사 자료를 쉽게 입수하기 어려운 현 단계에서, 챠플리카의 연구와 같은 고전적 업적은 귀중한 연구 자료임에 변함이 없다. 곧 챠플리카는 오늘날 우리가 거의 찾아보기 어려운 19세기의 영국, 러시아, 독일 자료(예컨대, Banzaroff, Bogoras, Sieroszewski, Jochelson, Krasheninnikoff, Sternberg, Troshchanski, Klementz, Mikhailowski 등의 자료)를 해박하게 구사하고 있기 때문에, 간접적이긴 하나 샤머니즘 연구의 초기 업적을 접하는 셈이 된다. 특히 샤먼의 이니시에이션 과정과 의례 그리고 장식, 의상, 도구에 관한 서술은 구체적인 샤먼의 사례를 들어 사실적으로 생생하게 묘사해주고 있어서 시베리아 샤머니즘을 이해하는 데 많은 도움을 준다.

챠플리카가 국내 학계에 소개된 것은 이미 1927년에 육당 최남선 선생이 계명啓明 19호에 〈살만교차기薩滿敎箚記〉를 발표한 데서 비롯한다. 챠플리카와 도리이 류조鳥居龍藏의 저서에서 일부를 요약한 것으로 꾸며진 〈살만교차기〉에서 육당 선생은 간략하나마 시베리아의 샤머니즘에 대하여 소개하고, 나아가 한국 무속을 시베리아 샤머니즘과의 관계 속에서 이해하려고 하였다. 육당 선생의 챠플리카 저서 소개는 당시에는 귀중한 학술 자료로서 가치가 있었지만, 오늘날에는 매우 간략한 내용 요약에 지나지 않아서 이용하기에 오히려 불편한 감이 있다. 따라서 본 번역서가 육당 선생의 〈살만교차기〉와 더불어 챠플리카의 시베리아 샤머니즘에 관한 논지를 이해하는 데 도움이 되었으면 한다.

원서를 우리말로 옮기는 데 약간의 어려움이 있었다. 우선 차플리카 자신도 밝혔듯이, 그녀의 서투른 영어 문장이 간혹 문장 내용의 선명한 이해를 방해하였다(영국인 동료 학자들에 의해 몇 차례 문장 감수를 받았지만). 또한 원주민의 언어가 유럽의 몇 개 국어로 옮겨지고, 다시 영어로 옮겨지는 과정에서 상당히 애매한 사실 설명이나 낱말의 구사가 눈에 띈다. 그래서 챠플리카도 자신이 사용한 불명확한 표현의 이유를 원주민이 실로 모호한 낱말을 구사했기 때문이라고 실토한 경우도 있다. 한편, 시베리아 샤먼의 종교 의례나 체험을 우리말로 옮기는 데 적절한 표현을 찾기 어려운 근원적인 곤란도 겪었다. 그러나 이 같은 어려움보다는 옮긴이의 어학 능력과 공부의 부족으로 잘못 옮겨진 부분이 많을까 두렵다. 독자 여러분의 도움말을 바랄 뿐이다.

끝으로 본 역서를 간행하는 데 수고해 주신 탐구당의 편집부 여러분에게 깊은 감사를 드린다.

1984년 7월

옮긴이

찾아보기

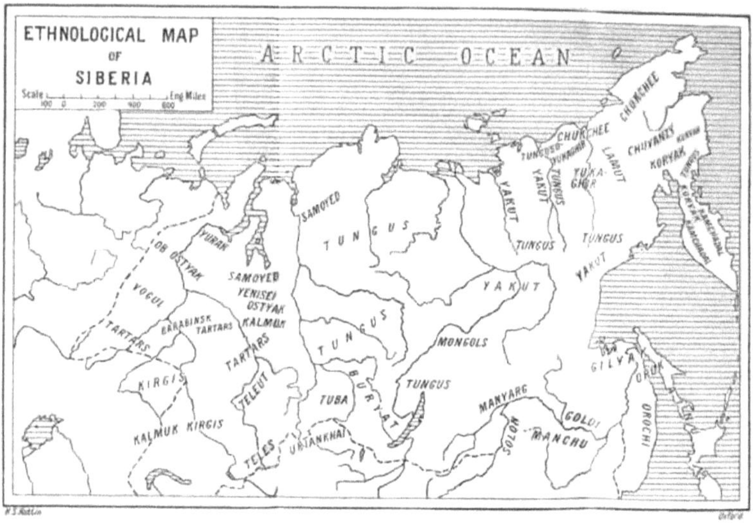

1800년대 시베리아 종족분포도

시베리아의 샤머니즘

초판 발행 / 1983년 6월 30일
개역 1판 발행 / 2023년 8월 15일

지은이 / M.A. 챠플리카
옮긴이 / 이필영
펴낸이 / 홍정수
펴낸곳 / 탐구당

등록/1950. 11. 1 서울 제 03-00993호
주소/서울특별시 용산구 한강대로 62 나길 6
대표전화/02-3785-2211
팩시밀리/02-3785-2272
홈페이지/www.tamgudang.co.kr
전자우편/tamgudang@paran.com

값 16,500원

ISBN 978-89-6499-072-8
ISBN 978-89-6499-018-6 (세트)